LE PÈLERIN

DE SAINTE-REINE.

APPROBATION.

—

J'ai lu, par ordre de Monseigneur l'Évêque de Troyes, un manuscrit intitulé : *Le Pèlerin de Sainte-Reine*, composé par M. Tridon, prêtre-missionnaire. Ce petit ouvrage, où je n'ai rien remarqué qui ne fût irréprochable pour le fond de la Doctrine, et qui est intéressant par le style déjà connu de l'auteur, m'a paru propre à guider la piété du fidèle, dans ces pieux voyages, et à fixer dans son cœur les heureuses impressions qui en sont les fruits.

L'artiste et l'amateur de l'antiquité chrétienne y trouveront aussi des renseignements précieux sur des lieux et des faits qui intéresseront toujours l'homme instruit et l'ami de son pays.

P. AUGER,

Vice-Supérieur du Grand-Séminaire de Troyes.

SAINTE REINE D'ALISE.

LE PÈLERIN
DE SAINTE-REINE,

ou

LÉGENDE ET PÈLERINAGE
DE SAINTE-REINE D'ALISE,

PAR M. L'ABBÉ TRIDON,

PRÊTRE MISSIONNAIRE, CHANOINE HONORAIRE DE TROYES.

==

DEUXIÈME ÉDITION, REVUE ET AUGMENTÉE.

SOCIÉTÉ DE SAINT-VICTOR POUR LA PROPAGATION DES BONS LIVRES.

M. ANNER-ANDRÉ, MANDATAIRE GÉNÉRAL.

A PARIS,	A TROYES,
Rue Cassette, 20.	Place l'Hôtel-de-Ville, 10.

A PLANCY, ATELIERS DE LA SOCIÉTÉ.

1857

TYPOGRAPHIE DE LA SOCIÉTÉ DE SAINT-VICTOR.

J. COLLIN, IMPRIMEUR.

PRIÈRE A SAINTE REINE D'ALISE.

Bienheureuse sainte REINE, vierge illustre d'Alise, dans les traits de votre douce image, je vous contemple comme dans les splendeurs des cieux. Vous avez un glaive et une palme dans les mains, sur la tête une couronne. Le glaive rappelle vos combats et votre invincible patience; la palme est le signe de votre victoire ; et la couronne est la faible image de votre gloire dans l'éternelle patrie.

Je me réjouis de cette gloire ; je désire la partager un jour. Obtenez-m'en la grâce ; je la sollicite par vous et avec vous, au nom des mérites de N.-S. J.-C., dont je veux, comme vous, être le disciple docile et l'imitateur fidèle. Ainsi soit-il.

Nous accordons quarante jours d'indulgence aux fidèles de notre diocèse qui réciteront pieusement, et avec un cœur contrit, la susdite prière à sainte Reine d'Alise.

† FRANÇOIS, Evêque de Dijon.

Dijon, le 31 août 1854.

Monseigneur Cœur, Evêque de Troyes, a accordé la même indulgence à ceux qui, pendant l'octave de sainte Reine, ayant fait une visite ou un pèlerinage à l'une des chapelles qui lui sont consacrées dans son diocèse (Bérulles et Isle-au-Mont), réciteront la prière susdite. L'indulgence (rescrit en date du 6 juin 1855) peut être gagnée une fois par jour.

A

SAINTE REINE D'ALISE,

MARTYRE DE JÉSUS-CHRIST,

VIERGE DE LA BOURGOGNE.

SON SANG A ÉTÉ PARMI NOUS UNE SEMENCE DE
CHRÉTIENS.

HOMMAGE DE RECONNAISSANCE, DE VÉNÉRATION
ET D'AMOUR!

QUE SON CULTE GRANDISSE, FLEURISSE ET
PROSPÈRE!

QU'ELLE RÈGNE SUR TOUS LES COEURS
DES ENFANTS DE CETTE VIEILLE BOURGOGNE,
DONT ELLE EST LA GLOIRE!

QU'ELLE SOIT A JAMAIS NOTRE ANGE TUTÉLAIRE
ET LA PATRONNE DE CES LIEUX, SANCTIFIÉS
PAR SES VERTUS HÉROÏQUES!

AUX HABITANTS D'ALISE.

Que tous, fidèles à Dieu, dociles à la sainte Église, unis en la Croix, placés sous le patronage de sainte Reine et la protection de saint Vincent-de-Paul, ils ne forment qu'une famille de frères! Qu'héritiers des traditions de leurs aïeux, ils soient les imitateurs de leur foi! Enfants des Saints, qu'ils soient un jour réunis à leurs pères, dans cette vie immortelle que Dieu promet et donne à ceux qui lui sont fidèles jusqu'à la fin.

—

Aux habitants des pays voisins d'Alise.

Que tous ceux qui habitent la vallée, dite de Sainte-Reine, et les pays voisins d'Alise, honorent le nom de cette vierge martyre, comme celui d'une patronne commune! Qu'ils craignent, qu'ils aiment et glorifient le Dieu puissant et bon, Créateur et Conservateur de toutes choses!

Qu'ils sanctifient son nom, et le jour qu'il s'est réservé!

Que tous, chaque année, se réunissent au

jour de la fête de sainte Reine, pour honorer et invoquer la commune prôtectrice, et resserrer les liens de la charité chrétienne, loin des plaisirs profanes qui déshonorent la mémoire des Saints et attirent la colère de Dieu!

Que la paix du Seigneur habite dans cette contrée où la guerre a jadis fait couler tant de larmes et tant de sang !

A tous les pèlerins de Dieu qui aiment sainte Reine ; à tous ceux qui honorent notre vierge martyre, sous quelque soleil qu'ils se trouvent, à quelque nation qu'ils appartiennent, quelque langue qu'ils parlent. Enfants de l'Église Romaine, ils sont nos frères et nos amis en Dieu.

A tous les amis et dévots de sainte Reine,

AUX PIEUX PÈLERINS

DE LA FRANCE, DE L'ITALIE, DE L'ALLEMAGNE, DE
LA GRANDE ET DE LA PETITE BRETAGNE, ET
AUTRES LIEUX DU MONDE CHRÉTIEN.

Qu'ils viennent, comme autrefois leurs pères et leurs aïeux, de Paris, la capitale de ce vaste

empire, de tous les pays de notre France; qu'ils viennent de la pieuse Italie, de la douce Allemagne, de Milan, la bonne ville de saint Ambroise et de saint Charles, et de Venise, la reine des mers; qu'ils viennent avec leur foi pure, simple et belle comme la fleur qui vient d'éclore; avec leur piété qui porte la bonne odeur de Jésus-Christ, avec la ferveur d'une prière angélique qui monte au ciel comme un encens béni!

Qu'ils viennent!

L'hospice offre, comme jadis, le pain du voyageur; la fontaine a encore des eaux douces et bienfaisantes; sainte Reine a toujours entre les mains des grâces et des pardons; qu'ils reviennent avec la foi antique; les miracles reparaîtront avec elle; et sous son aimable empire, renaîtront ces temps heureux où le monde n'était qu'une famille, où toutes les nations étaient des sœurs, où tous les hommes étaient des frères!

LÉGENDE ET PÈLERINAGE

DE

SAINTE-REINE D'ALISE.

CHAPITRE PREMIER.

—

Comment sainte Reine, devenue chrétienne par les soins de sa nourrice, souffrit saintement la mort pour la foi et l'amour de la virginité, dans le pays d'Alise, où elle était née.

Sur le penchant du Mont-Auxois, à mi-côte, dans la partie exposée au midi, s'est formé, au pied de l'antique Alise, un petit bourg qui en a conservé le nom. Rien cependant, dans cette bicoque de fondation moderne, ne rappelle la gloire des Mandubiens. Vous ne voyez, dans sa modeste enceinte, aucune trace de cette haute antiquité qui se perd dans la nuit des temps.

Comment donc un simple village est-il devenu autant et peut-être plus célèbre dans les chroniques de la France chrétienne, que la métropole des Éduens

1

dans les annales des Gaules? C'est qu'il a joint au nom d'Alise le nom d'une vierge chrétienne, c'est qu'il se nomme Alise-Sainte-Reine [1].

Aux jours où le Christianisme, à peine sorti de ses langes, s'avançait comme un géant contre l'enfer et contre Rome païenne, qui s'était faite son suppôt, au lieu même où son César, se mesurant avec la Gaule, avait terrassé l'amazone celtique, une jeune fille, trois siècles après, soutenait un grand combat.

[1] Cette ville, nommée Alesia, est très célèbre par le fameux siége dont le succès assura aux Romains la domination dans les Gaules. Voyez la description des lieux et du siége dans les *Commentaires de César*, livre VIIe. Les archéologues visiteront avec intérêt le Mont-Auxois; ils y découvriront des vestiges d'Alise dans diverses ruines. Des médailles et autres objets antiques ont été trouvés à différentes époques; mais, à coup sûr, de nouvelles fouilles plus étendues conduiraient à des résultats précieux pour l'histoire. La société des Antiquaires de Dijon, si zélée et si intelligente, ne négligera pas un terrain qui est en quelque sorte son domaine! On sait que le Mont-Auxois est dans le département de la Côte-d'Or, dans le voisinage des sources de la Seine, entre Semur, Montbard et Bussy; Bussy, ce lieu devenu historique par le château encore existant de la famille des Rabutins, et surtout par les noms de deux femmes célèbres à divers titres, sainte Chantal et madame de Sévigné, petite-fille de la fondatrice de la Visitation. On voyait, il y a peu d'années, leurs portraits dans une des galeries du château.

Elle aussi combattait pour sa liberté ; elle remporta la victoire ; le romain fut vaincu cette fois, et la Religion, qui avait formé la jeune vierge comme sa fille, pouvait répéter avec une sainte fierté ce qu'elle avait eu le droit de dire tant de fois à la face de l'univers stupéfait : C'est ma foi qui a vaincu le monde : *Hæc est victoria quæ vincit mundum, fides nostra.*

Si l'héroïne succomba, sa mort fut sa gloire ; c'était le triomphe de l'esprit sur la chair, le Christianisme faisait son œuvre ; le jour de son décès fut un jour natal ; ses os prophétisèrent aussi bien que ceux d'Élisée ; son sépulcre fut glorieux comme celui du Christ son époux ; et son sang fut dans ces contrées une semence de nouveaux chrétiens.

Inspirée par une philosophie que Platon, non plus que Pythagore, n'avait pas enseignée, notre vierge martyre préféra aux jouissances d'un sensualisme enivrant, la croix, la croix nue, la croix hérissée de ses clous et de ses épines, et elle mit sa sagesse à l'aimer jusqu'à la folie.

Une vieille chronique raconte ainsi son histoire :

« Copie des actes du martyre de sainte Reine, tirée de la bibliothèque de Mgr l'évêque d'Osnabruck, ville d'Allemagne, où le culte de cette Sainte est en grande vénération. »

« Sainte Reine prit naissance dans la ville d'Alise,

au pays d'Auxois, dans le duché de Bourgogne : ses père et mère étaient païens, et joignaient à l'idolâtrie gauloise le culte de toutes les fausses divinités de l'empire romain.

» L'an sept cent de Rome, 52 ans environ avant Jésus-Christ, Jules-César, après la bataille sanglante qui assujétit si longtemps les Gaulois aux Romains, se rendit maître d'Alise ; il laissa quelques troupes pour démolir la place, raser les fortifications et combler les fossés.

» Un chevalier romain, nommé Lucius-Clementinus, devint éperdument amoureux de la sœur de Vergasillaune, général gaulois, fait prisonnier dans cette bataille ; l'ayant épousée, il ne put jamais l'engager à le suivre à Rome ; son amour ardent ne lui permit pas de se séparer d'elle ; il obtint de Jules-César le commandement du pays des Mandubiens, appelé aujourd'hui l'Auxois, dont Alise était la capitale ; il se fixa dans cette ville. Il y fit bâtir une superbe maison auprès d'une petite source, sur le penchant de la montagne.

» Lucius-Clementinus, un de ses arrière-petits-fils, fit bâtir le château de Grignon, situé à deux mille pas, ou à une lieue d'Alise ; il épousa une riche demoiselle du pays, l'an de Jésus-Christ 236. Sa femme lui donna pour premier enfant une fille, et mourut

en la mettant au monde. Le père, désolé, choisit une femme vertueuse, pour servir de nourrice et de mère à une enfant si chère. Il réussit au-delà de ses espérances ; car cette femme, étant chrétienne, lui fit sucer, avec le lait, les vérités de la Religion. La fille de Clementinus fit des progrès inconcevables, et mérita d'être baptisée à neuf ans. Peu après, elle consacra sa virginité à Jésus-Christ, qu'elle choisit pour époux. Sa nourrice lui recommanda sur sa résolution un secret inviolable à l'égard de son père, qui formait dès lors les plus grands projets pour son établissement.

» L'Empereur, l'an 250, envoya Olibrius que l'on nomme aussi Olibre, pour gouverner les Gaules ; ce nouveau gouverneur voulut visiter la ville d'Alise, si fameuse par le sang que sa conquête avait coûté aux Romains.

« Il vit dans cette ville Lucius-Clementinus, que le vulgaire appelait Clément ; le commandant d'Alise lui fit le plus grand accueil, le mena à Grignon, sa maison de campagne, où il avait rassemblé toute la noblesse du pays. Il n'y eut point de fêtes ni de plaisirs qu'il ne cherchât à lui procurer. Olibrius, épris de la beauté de l'unique héritière de Clementinus, ne trouvait de plaisir qu'à la voir, et à converser avec elle. La candeur, l'ingénuité, la douceur de cette

jeune fille, le déterminèrent à la demander en mariage à son père. Clementinus, frappé d'une si noble
alliance, promit sa fille au gouverneur, qui le pria
de différer ce mariage jusqu'après son voyage d'Allemagne. Pendant ce temps, Clementinus devait préve-
nir en sa faveur sa fille, qui n'avait alors que quatorze ans. L'an 252, Olibrius, de retour d'Allemagne,
somma Clementinus d'exécuter sa promesse. La douleur et le désespoir étaient peints sur le visage de
cet infortuné père. Il avait appris de la bouche de sa
propre fille qu'elle n'aurait jamais d'autre époux que
Jésus-Christ, auquel elle s'était vouée. La vertueuse
nourrice, pour éviter la fureur de ce père irrité,
avait pris la fuite. La jeune élève, fortifiée par la grâce
de son céleste époux, souffrait patiemment toutes les
persécutions de son père, qui prétendait la forcer à
changer de religion. Les plus durs traitements, la prison même, où il la tenait enfermée dans son château
de Grignon [1], ne servirent qu'à allumer de plus en
plus la foi dans le cœur de la jeune vierge.

[1] Cette prison, en forme de tour, était en grande vénération chez les pèlerins. À l'époque surtout où ces pieux
étrangers étaient exposés pendant les nuits entières sous la
voûte du firmament, s'abandonnant à la ferveur de leur
naïve dévotion, il se passait, dit-on, peu d'années sans que
des feux merveilleux, partis des hauteurs de Grignon, appa-
russent à leurs regards comme des marques de la bonté di-

» Olibrius, ne pouvant croire ces choses, pria Clementinus de faire venir sa fille à Alise. Sitôt qu'elle y
fut arrivée, il lui alla rendre visite. Plus épris que jamais de sa beauté, il donna une fête à toute la ville,
où le luxe romain fut étalé dans toute sa pompe. Les
peuples, enivrés de joies et de plaisirs, regardaient
déjà la fille de Clementinus comme leur reine; de là,
le nom de Reine lui est resté. Son futur époux lui
présenta les bijoux les plus précieux, qu'elle refusa
avec tant de grâce et de modestie, que le cœur du
Romain n'en fut que plus embrasé; il lui offrit enfin sa main, qu'elle ne put accepter, ayant pris, dit-
elle, Jésus-Christ pour époux. A ces mots, l'amour
d'Olibrius se tourna en rage; sa fureur d'abord se
déchaîna contre le malheureux père, qu'il menaça de
dépouiller de tous ses biens, si dans trois jours il n'o-
bligeait pas sa fille à sacrifier aux dieux protecteurs de
l'Empire, et à l'épouser. Les prières, les caresses, les
pleurs, les gémissements de l'infortuné Clementinus

vine et des reflets sensibles de la gloire de la Sainte qu'ils
étaient venus vénérer.

On sait que le bourg d'Alise et le village de Grignon, élevés chacun sur une colline, comme sur des trônes formés par
la nature, dominent gracieusement, l'un au levant, l'autre au
couchant, la plaine appelée *Vallée des Laumes*, et couronnent avec élégance la vallée de **Sainte-Reine**, dont celle des
Laumes fait partie.

furent inutiles. Olibrius, étonné d'une si grande constance, la fit amener devant lui : n'ayant pu rien gagner sur elle, il désespéra de la vaincre.

» Son zèle pour les faux dieux et son amour méprisé changèrent tout à coup le plus tendre amant en tyran le plus cruel. Il la fit dépouiller et la fit fouetter pendant deux heures. Tandis que son sang ruisselait de toutes parts, Reine bénissait le Ciel, et montrait un visage si tranquille, qu'elle déconcertait ses bourreaux. On en substitua d'autres qui lui déchirèrent la chair avec des ongles de fer. Olibrius enfin rougit de sa cruauté; il ne put soutenir la vue d'un si tendre corps réduit à un état si affreux : il ordonna qu'on la conduisît en prison. À peine y fut-elle enfermée, qu'elle s'endormit. Le Ciel, qui lui envoyait ce sommeil pour la fortifier, lui procura une faveur plus grande; une croix d'une grandeur énorme lui apparut. Elle aperçut au haut une colombe qui lui annonça qu'elle recevrait le lendemain la couronne du martyre. Une espérance si flatteuse la réveilla tout à coup : mais quelle fut sa surprise de trouver son corps aussi sain que si jamais il n'eût été frappé!

» Le geôlier, étant venu lui apporter quelque légère nourriture, pouvait à peine en croire ses yeux. Il courut annoncer le prodige à Olibrius, qui, le prenant pour un effet de la magie, n'en devint que plus

furieux. Il ordonna au père de travailler pour la dernière fois à fléchir l'opiniâtreté du cœur de sa fille. Le désolé Clementinus, n'ayant pu réussir, la quitta désespéré, vomissant les plus exécrables imprécations et les plus horribles blasphèmes.

» Le tyran Olibrius, hors de lui-même, la fit attacher à un poteau, lui fit brûler les mamelles et les flancs avec des torches de poix allumées ; cet affreux supplice n'ayant servi qu'à ranimer le courage de la sainte, le tyran la fit jeter dans une cuve d'eau froide. A peine y fut-elle plongée, que ses fers se brisèrent, ses plaies disparurent, et la même colombe que pendant son sommeil elle avait aperçue au haut de la croix, vint se reposer sur sa tête : la terre trembla, la foudre gronda, les nues s'entr'ouvrirent ; une voix en sortit, et tous les spectateurs entendirent ces mots : « Venez, Reine, venez recevoir la palme due à » votre courage et à vos vertus. » Ce nouveau miracle frappa les auditeurs, et un grand nombre se convertirent à Jésus-Christ. Olibrius, craignant une émeute populaire, ordonna qu'on coupât la tête à la jeune vierge ; ce qui fut exécuté sur-le-champ. Il renvoya son corps au malheureux père, qui le fit inhumer dans un endroit retiré de sa maison, près d'une petite fontaine.

» Ce fut en vain que la vertueuse nourrice et plu-

sieurs autres chrétiens firent toutes les tentatives
imaginables pour enlever des reliques si précieuses.
La vigilance de l'aveugle et idolâtre Clément rendit
tous leurs efforts inutiles. A peine cette vierge chrétienne avait-elle cessé de vivre, que toute la passion
d'Olibrius se réveilla. Il cherchait de tous côtés celle
qu'il venait de faire mourir si inhumainement ; puis
il détestait sa barbarie, et blasphémait horriblement
contre le Dieu des chrétiens. Enfin, ne pouvant soutenir la vue d'un lieu où il avait lui-même sacrifié à
ses dieux la personne qui lui était le plus chère, il
abandonna le pays, trois jours après le martyre de
sainte Reine, arrivé au mois de septembre, l'an du
Christ 253. Cette vierge était alors âgée de 17 ans.

» Quelques années après, vers l'an 274, l'empereur
Aurélien renouvela la persécution contre les chrétiens. Le gouverneur des Gaules, trop fidèle aux ordres
de l'empereur, en fit périr un grand nombre ; il ne
resta que fort peu de fidèles, qui furent obligés de se
cacher. La mémoire du martyre de sainte Reine se
perpétua parmi eux, et, dès qu'ils commencèrent à
jouir de la liberté, ils firent de nouveaux efforts pour
découvrir les reliques de cette Sainte. Mais tout leur
zèle demeura sans fruit, la maison de Clément étant
occupée par un seigneur païen qui ne leur en permit
pas même l'entrée. Ce ne fut que vers l'an 864, qu'un

saint abbé du monastère de Flavigny, nommé Égil, ayant trouvé dans les manuscrits de son abbaye qu'une vierge nommée Reine avait souffert le martyre à Alise, et que son corps y était inhumé dans la maison de son père, se transporta dans cette ville, en parcourut toutes les maisons. Ayant aperçu dans une vaste cour une colombe qui planait sur une grande pierre, il s'en approcha; la colombe prit son vol, mais revint jusqu'à trois fois, planant sur le même endroit, dès qu'Égil s'en retirait. Ce prodige étonna le saint abbé, à qui le Seigneur révéla la nuit suivante que, sous la pierre où la colombe s'était élevée, se trouvait le corps de sainte Reine, martyre. N'osant trop compter sur cette révélation, il alla trouver l'évêque d'Autun, nommé Jonas, qui vivait en odeur de sainteté; il lui déclara le sujet de son voyage. Quelle fut la surprise du saint évêque d'entendre, mot pour mot, ce que pendant le sommeil de la nuit précédente il avait pris aussi pour un vain songe! Ne doutant plus que ce ne fût un avis du Ciel, les deux saints passèrent la nuit en prières, conjurant le Seigneur de guider leur démarche. Le lendemain, ils partirent pour Alise, et allèrent droit à la maison où Égil avait vu la colombe. Elle apparut encore aux deux saints, planant sur la même pierre. Alors, sûrs de l'endroit où le corps de la Sainte était

déposé, ils appelèrent le clergé du pays, et on chanta des psaumes, pendant qu'on pratiqua la fouille sous la pierre. On trouva bientôt le corps de la sainte séparé de la tête, aussi frais que si elle venait d'expirer ; son père avait fait enfermer ses chaînes avec le corps. On recueillit précieusement des monuments si remarquables. Le saint abbé Égil, craignant d'abuser de la crédulité du peuple qui s'était amassé en foule, passa trois jours et trois nuits en prières sur le tombeau de la Sainte. Pendant cet espace de temps, Égil ne prit aucune nourriture. Puis, ayant aperçu près de là une fontaine, il fit à Dieu cette prière : « Seigneur, daignez exaucer votre serviteur ; faites-lui » connaître combien vous chérissez vos élus ; et, » pour me confirmer dans la persuasion où je suis » que je possède le véritable corps de sainte Reine, » accordez au premier malade que je ferai plonger » dans cette fontaine une parfaite guérison. »

» Plein de confiance dans la bonté de Dieu, le saint abbé fit apporter un homme perclus de tous ses membres, le fit plonger dans la fontaine, et le miracle de sa guérison s'opéra devant une grande multitude de chrétiens ; le bruit en courut de toutes parts ; des malades de toute espèce s'y firent porter, et, aussitôt qu'ils se plongeaient dans la fontaine, ils se trouvaient guéris. La reconnaissance d'un si grand

bienfait engagea quelques personnes riches à faire bâtir une chapelle sur le tombeau de la Sainte, et à y enclore la fontaine, où l'on vint, dans la suite, des extrémités de la France, de l'Italie et de l'Allemagne, pour implorer la puissante intercession de sainte Reine.

» Un bourgeois notable de Paris ayant été guéri d'une paralysie par l'usage de l'eau de la fontaine et l'intercession de sainte Reine, qu'il invoqua soir et matin pendant neuf jours, lui fit bâtir une chapelle dans cette capitale du royaume, ce qui propagea considérablement le culte de sainte Reine. Son corps fut transporté en grande pompe dans le monastère de Flavigny (en Bourgogne), qui conserve soigneusement un dépôt si sacré. Les autres reliques sont restées à la chapelle que lui ont élevée ceux d'Alise. » Ainsi finit la légende [1].

Pendant que je relève les vestiges d'une antiquité aussi vénérable que touchante, j'apprends que, sur les lieux mêmes, on avance, au dix-neuvième siècle, en face d'une société savante, que la vierge de la Bourgogne, dans son martyre et dans sa mort, n'est autre chose qu'une vaine fantasmagorie de la Gaule

[1] Voyez le pieux et intéressant ouvrage de M. l'abbé Grognot, curé de Flavigny, intitulé : *Vie et culte de sainte Reine d'Alise*.

personnifiée, vaincue par César au pied du Mont-
Auxois ; et que le pèlerinage, malgré son caractère
chrétien, si indélébile, n'est qu'une prolongation du
concours des peuples gaulois qui se rassemblaient sur
les lieux mêmes de leur défaite, pour pleurer leur liberté perdue. C'est tout simple. Comment, depuis
quinze siècles, n'a-t-on pas deviné l'énigme! La
bonhomie du vieux temps, la superstition du moyen-
âge expliquent tout cela!

Certes, il faut faire une rare abnégation de sens
commun, ou avoir une foi robuste à la crédulité de
ses lecteurs, pour espérer donner crédit à une opinion
aussi saugrenue.

Sans prétendre nous faire le garant de toutes les
particularités au moins vraisemblables relatées dans
la chronique, nous demanderons de quel droit on
vient aujourd'hui contester jusqu'à l'existence de
notre héroïne, lorsque le monde chrétien est en
possession, depuis quinze siècles, des principaux faits
de son glorieux martyre; lorsqu'on lit dans le mar-
tyrologe romain, qui est sans doute autorité compé-
tente en pareille matière :

« Au territoire d'Autun, le septième des ides de
septembre est le jour natal de sainte Reine, vierge et
martyre, qui sous le proconsul Olibrius, ayant souffert les supplices de la prison, du chevalet et des

torches ardentes, fut condamnée à la peine capitale et alla rejoindre son époux Jésus-Christ. »

Fleury, qui n'a jamais passé pour crédule ni pour enthousiaste, fait mention expresse, dans son histoire ecclésiastique, sous la date du 21 mars 864, de la translation des reliques de sainte Reine d'Alise à Flavigny, par Égil, ancien archevêque de Sens, devenu abbé du monastère de cette cité, assisté en cette cérémonie par Salacon, évêque de Saint-Malo, pour lors vicaire de Jonas, titulaire d'Autun.

Ce n'est pas tout. Les archevêques de Paris et les vicaires-généraux de cette insigne église métropolitaine, et saint Vincent de Paul, aussi recommandable par l'éclat de sa vertu que par le caractère de sa haute prudence, et Anne d'Autriche, mère de Louis-le-Grand, et Louis-le-Grand lui-même, croyaient à sainte Reine, à son martyre, à ses reliques, eux qui ont agi comme de concert pour favoriser la dévotion et le pèlerinage de notre Sainte[1]; eux qui, rivalisant de zèle avec les évêques diocésains, s'en sont faits ouvertement les clients et les panégyristes.

Si au poids de ces autorités vient se joindre la voix des populations qui, de siècle en siècle, ont proclamé jusqu'à nous la gloire et la protection de la

[1] Voyez Courtépée, art. *Alise et sainte Reine*: description du duché de Bourgogne.

vierge martyre ; si l'Allemagne et l'Angleterre ont, jusqu'à la réforme, réuni avec la France et l'Italie leurs vœux et leurs louanges dans un concert unanime, en son honneur ; si enfin des monuments de tous les genres viennent à l'appui de ces témoignages, qui osera s'inscrire en faux contre cette masse imposante d'autorités, et d'un trait de plume effacer une tradition si constante, si uniforme, si avérée ?

Or, au milieu des ruines qu'un vandalisme brutal, inspiré de l'incrédulité et du demi-savoir, a accumulées en ces derniers temps, une foule de monuments sont debout pour consoler les humbles pèlerins de Sainte-Reine, dont, à la vérité,

A peine un petit nombre
Ose des premiers temps nous retracer quelque ombre.

Je les ai vus, j'ai eu la joie de les évangéliser, ces petits, à qui Dieu se révèle, et dont le monde n'est pas digne ; j'ai admiré leur foi, leur courage ; j'ai senti leur cœur, j'ai vu leur âme s'épancher avec une naïve et admirable simplicité.

Je les ai vus aussi, ces monuments de la piété de nos bons aïeux ; je les ai trouvés, sous la poussière qui les couvre, aussi palpitants de vie qu'au jour où ils furent créés par le génie de la foi.

Qu'il me soit permis de faire un court récit de ce qui a frappé mes regards et de ce que j'ai recueilli du culte de la Sainte.

Dans l'exposé des matières, je suivrai à peu près l'ordre des temps. Je parlerai successivement des reliques de la sainte martyre, du pèlerinage, de l'hospice d'Alise, qui doit au pèlerinage son origine, puis de la chapelle de l'hospice, et des tableaux qui la décorent; enfin, je terminerai par la procession qui se fait à Alise, de temps immémorial au jour de sa fête; je donnerai, d'après un imprimé de l'époque, une relation curieuse et circonstanciée de cette procession telle qu'elle se fit en 1688; je dirai les modifications qu'à subies le cérémonial de cette solennité, en donnant les détails reçus de la bouche de témoins oculaires de ladite procession, telle qu'ils l'ont vu faire avant 1793; enfin, en rapportant comment elle s'ordonne aujourd'hui, je ferai voir ce que notre époque a retenu des temps passés, et ce qu'une sage discipline a cru devoir faire disparaître.

CHAPITRE II.

—

Comment le corps de la Bienheureuse, transféré en
864 à Flavigny, y est demeuré jusqu'ici en grand
honneur, et comment les pieux fidèles vinrent tou-
jours à Alise en pèlerinage; ce qui donna l'idée d'y
fonder un hôpital. — Histoire de cette fondation.

C'est à Flavigny, ville de l'ancien duché de Bourgogne, à dix lieues environ nord-est de Dijon, et
dans le voisinage d'Alise, que reposent, depuis 864,
les reliques de sainte Reine. Si l'on en croit la légende, la translation coïncida avec l'invention de la
sainte dépouille, tandis que Courtépée, dans sa description du duché de Bourgogne, avance que le saint
corps, qui avait été visité et honoré en 431 par saint
Germain d'Auxerre, reposait, au huitième siècle, dans
une petite abbaye au nord-est de la partie la plus ancienne, qui a retenu le nom d'Alise.

Quoi qu'il en soit de cette variante, il est certain
que Flavigny est en possession, depuis près de mille
ans, de la majeure partie des reliques de la vierge
d'Alise. Les principaux ossements sont déposés dans

un coffre de bois peint, et le cœur est enfermé dans une châsse d'argent surmontée d'une couronne de même métal. Cette portion si précieuse de la sainte est, chaque année, au jour de la fête, c'est-à-dire, le dimanche qui suit le 7 septembre, portée en grande pompe dans une procession dont le recueillement profond frappe tous les yeux.

C'est en pèlerin que je visitais ces lieux vénérés. Je pus me croire pour un moment plus vieux de six siècles. Le dix-neuvième siècle avait disparu pour moi; j'étais comme transporté à ce moyen-âge qui sait si bien parler au cœur. Le temple gothique où je m'agenouillai, le son des cloches répété par les échos des montagnes, la forme antique du bourg, où se trouvent de vieilles habitations semblables aux manoirs de la féodalité, l'air de loyale franchise du bon peuple de Flavigny, et surtout cette délicieuse bonhomie du vieux temps, empreinte sur la figure des vieillards, tout conspirait à me jeter dans la plus aimable fiction, et à faire naître en moi de douces et religieuses rêveries. Après une station à Flavigny, je pris le chemin d'Alise, qui était le but principal de mon voyage.

Le pèlerinage remonte-t-il au martyre de la Sainte, ou bien ce pieux concours de chrétiens qui viennent depuis un temps immémorial prier chaque année

sur son glorieux tombeau n'aurait-il commencé qu'à l'époque de la translation des reliques? Je ne sais. Je ne connais aucun document, je n'ai entre les mains aucune donnée qui m'autorise à rattacher à une époque précise la naissance de cette dévotion. Ce que je sais, c'est que, d'après le témoignage d'un évêque d'Autun, le nombre des pèlerins s'élevait, vers l'époque de 1575, au chiffre de 60 à 70,000 par chaque année. Le même nombre se faisait remarquer cent ans plus tard, comme je l'apprends d'un imprimé du temps : d'autres écrits le réduisent à 20,000 [1].

Comme le bourg d'Alise-Sainte-Reine est d'une fort médiocre étendue, la plupart de ces étrangers ne trouvaient pour asiles que les rues, les places et la campagne; et, placés souvent dans la nécessité de passer la nuit à la belle étoile, ils étaient non-seulement exposés aux intempéries de l'air, mais même à la voracité des loups, alors fort communs en cette contrée. Plusieurs de ces bonnes gens furent victimes de ces animaux féroces, comme je le remarque dans un mandement de l'évêque d'Autun.

Cette position fâcheuse des pèlerins inspira le projet de fonder un refuge qui les mît à couvert et en sûreté. Ce refuge, qui d'abord ne fut qu'une simple

---

[1] Voyez au chapitre VII: *Les droits chemins pour venir à Sainte-Reine en Bourgogne.*

grange, ou quelques chaumières ramassées, devait
se convertir plus tard en un des plus beaux et des
plus utiles établissements de la province de Bourgogne.

C'est aux sages conseils et aux encouragements de
saint Vincent de Paul, la gloire du monde chrétien
et l'orgueil de la France, qu'il faut attribuer la fondation de l'hospice Sainte-Reine. Voici comment est
racontée dans la vie du serviteur de Dieu, l'histoire
de cette fondation.

Les eaux de Sainte-Reine, et les miracles fréquents
que Dieu opéra au tombeau de cette illustre vierge
martyre, y attirent, non-seulement de la Bourgogne,
mais de plusieurs autres provinces, un grand nombre
de pauvres, qui viennent y chercher la guérison de
leurs maux. Un bourgeois de Paris, nommé M. Desnoyers qui, comme les autres, y était allé avec sa
femme chercher la santé, fut extrêmement surpris
de voir un tas de malheureux qui, après les fatigues
du voyage, étaient réduits à coucher sur la terre,
dans une grange, et quelquefois même sur le pavé
des rues, où ils étaient exposés aux injures de l'air.
Il remarqua de plus, qu'ils n'étaient guère mieux
dans les plus fâcheuses maladies, et qu'ils mou-
raient presque aussi abandonnés pour l'âme que
pour le corps Desnoyers, qui avait beaucoup de

piété, ne fut pas plus tôt de retour à Paris, qu'il conta ce qu'il avait vu à un prêtre de la Doctrine Chrétienne, son directeur; et il lui avona que lui et son épouse [1], se sentaient inspirés d'aller s'établir à Sainte-Reine, pour soulager à leurs dépens les pèlerins les plus malades et les plus pauvres.

Leur exemple toucha quelques autres personnes de l'un et de l'autre sexe qui, s'étant unis à eux vers l'année 1658, consacrèrent et leur santé et leurs biens à une si sainte entreprise.

Ils ne tardèrent pas à reconnaître qu'elle dépassait leurs forces. Pour loger tant d'infirmes de toute espèce, il fallait une maison commode, et ils n'avaient pas le moyen d'en bâtir une dans une conjoncture si embarrassante. Saint Vincent fut leur ressource, comme il l'avait été de tant d'autres. Ils se dirent avec une certaine simplicité, que ce bon vieillard était « l'intendant des affaires de Dieu, » et qu'il ne les abandonnerait pas dans une occasion où il s'agissait des intérêts de la charité.

En conséquence de cette délibération, Desnoyers fut député à Paris avec quelques autres. Ils rendi-

---

[1] On voit dans la chapelle de l'hospice, à droite en entrant, le portrait de cette pieuse dame. On y lit ces mots : Madame Desnoyers, épouse du premier fondateur de cet hôpital, et pauvre servante des pauvres.

rent visite au saint prêtre : ils lui exposèrent l'état
des choses, et le prièrent de vouloir bien les aider
de ses conseils et de son crédit. Saint Vincent conçut
une haute idée de leur dessein; mais il en sentit
toute la difficulté; il savait que le baron de Renti,
et quelques autres personnes de mérite avaient eu,
dans des temps moins difficiles, la même pensée, et
qu'ils n'avaient pu venir à bout de l'exécuter. Mais
comme il savait aussi que Dieu fait quelquefois par
des instruments plus faibles, ce qu'il ne fait pas par
d'autres plus puissants, il crut qu'il fallait s'adresser
à Lui, et tâcher de connaître sa volonté. Il engagea
donc ces messieurs à faire une retraite spirituelle;
il eut ensuite avec eux une longue conférence, où,
après les avoir écoutés avec toute l'attention que demandait une affaire aussi sérieuse, il conclut nette-
ment que leur dessein était de Dieu, et qu'il en tire-
rait sa gloire.

Le décision précise d'un homme qu'on regardait
avec raison comme l'ami du Ciel, détermina ces messieurs à suivre leur premier plan. Mais comme il
était encore un peu trop général, ils eurent avec
le serviteur de Dieu une seconde conférence, qui
dura une après dînée entière, et dans laquelle on
mit en délibération, s'ils devaient commencer le bâ-
timent de l'hôpital avec le peu d'argent qu'ils avaient

mis en commun. Saint Vincent, après les avoir entendus, et gardé quelque temps le silence, leur dit enfin d'un ton de voix ferme et religieux : « Béni soit Dieu, il veut assurément cet ouvrage ; il faut avoir confiance en sa bonté, espérer en sa providence et mettre promptement la main à l'œuvre pour jeter les premiers fondements d'une si sainte entreprise, sans se mettre en peine que de bien servir les pauvres. Il faut seulement rapporter tout à la gloire de Dieu, vous humilier beaucoup à la vue de votre néant, et faire bonne provision de patience ; car vous en aurez bien besoin, ayant des persécutions à souffrir, et ceux qui devraient vous appuyer de leur protection, seront les premiers à traverser vos desseins. »

Les paroles de l'homme de Dieu donnèrent aux députés un courage supérieur aux difficultés, qui leur étaient prédites. Ils résolurent de s'en aller au plus tôt à Sainte-Reine, pour y servir en la personne des pauvres pèlerins, ce Dieu d'Israël, qui a paru sur la terre comme un voyageur, comme un homme qui n'a ni domicile, ni retraite. A leur départ, ils vinrent prendre congé de saint Vincent, et recevoir sa bénédiction. Le saint prêtre leur donna mille témoignages de tendresse, et leur dit : « Allez mes enfants, mettez toute votre confiance dans le

Seigneur, je le prie de tout mon cœur de vous donner sa sainte bénédiction; » et là-dessus, il leur
donna la sienne.

Ils arrivèrent à Sainte-Reine le 12 mai 1659, et ils
commencèrent aussitôt, avec l'agrément de monseigneur l'évêque d'Autun, à servir les pauvres, et à leur
bâtir un hôpital. En attendant qu'ils fussent en état
de les loger, ils dressèrent des lits dans la grange
dont nous avons parlé, et leur fournirent tout ce
qui était nécessaire pour la nourriture et les autres
besoins. L'envie et la fausse politique, vices qui plus
d'une fois ont ruiné les plus sages projets, suscitèrent
à ces hommes miséricordieux, de si fâcheuses contra-
dictions, qu'ils eussent peut-être succombé, si saint
Vincent ne les en avait pas avertis. Mais ils crurent
toujours que la prédiction qui leur avait annoncé
le bien, s'accomplirait aussi exactement que celle qui
leur avait annoncé le mal. Ainsi, sans s'étonner du
bruit, sans jamais faire un pas en arrière, ils pres-
sèrent si fort l'ouvrage, que, dès l'année suivante,
ils furent en état de loger les pauvres pèlerins.
Notre saint ne manqua pas de les assister dans
leurs besoins, et malgré la difficulté des temps, et
l'impuissance presque totale où il était de sortir à
cause de ses infirmités, il fit si bien pendant les
deux dernières années de sa vie, que presque

tout l'argent dont on avait besoin se trouva prêt.

Anne d'Autriche qui se prêtait volontiers aux bonnes œuvres, dont saint Vincent était le promoteur, ne se refusa pas à celle-ci. Elle prit dès lors l'hôpital de Sainte-Reine sous sa protection, et lui accorda de grands priviléges. Enfin, le Roi l'autorisa par ses lettres patentes, qui depuis ont été vérifiées au parlement de Dijon. Tels furent les commencements et les progrès de ce fameux hôpital, où, sans parler de trois à quatre cents malades, qu'on y reçoit tous les ans, plus de vingt mille pauvres passants de tout âge, de tout sexe, de toute nation, de toute religion même, trouvent chaque année, pour le corps et l'âme, tous les secours qu'il est possible de leur procurer. De bons prêtres et de bonnes filles de la Charité partagent ces diverses fonctions. Dieu a souvent béni leur zèle d'une manière qui s'est publiée jusque dans les royaumes étrangers, et tel qui en entrant dans la piscine, ne pensait qu'à recouvrer une santé passagère, en a plus d'une fois recóuvré une autre infiniment plus précieuse.

Au reste, quoique cet hôpital qui a commencé avec dix mille livres, en absorbât près de cent mille en très peu d'années, et fût le fruit de la piété d'un assez bon nombre de personnes, il est hors de doute que saint Vincent en fut l'âme. Aussi, ceux qui en ont été

les premier instruments, ont expressément déclaré
« qu'ils avaient reconnu que les conseils de ce saint
homme, étaient bénis de Dieu et suivis d'heureux
succès; qu'ils n'avaient fait aucune chose considé-
rable dans cette œuvre; que de concert avec lui ils
l'avaient commencée par ses avis, continuée par ses
persuasions, et avancée au point où elle se trouvait
alors par ses pieuses sollicitations auprès des personnes puissantes.

De modestes sœurs, connues du pauvre sous le nom
de *sœurs grises*, prennent soin, depuis 1666, des in-
digents du lieu, des pèlerins, des militaires, et en
général de tout étranger qui, privé de secours, s'y
présente au nom de Dieu et de l'humanité.

Un grand nombre de pèlerins et de dévots de la
vierge martyre partaient de la capitale du royaume.
C'est sans doute ce qui engagea l'archevêque de Paris
à donner en 1672, sous la date du 12 mars, un
mandement qui tendait à solliciter des secours pour
l'hospice Sainte-Reine; les vicaires-généraux de la
même église avaient déjà, pendant la vacance du
siége métropolitain, adressé aux fidèles du diocèse
les mêmes invitations en 1663, et l'administration de
Saint-Eustache concéda au profit dudit établissement
le droit de placer un tronc devant la chapelle de
Sainte-Reine, honorée d'un culte tout particulier

dans cette paroisse, comme à Saint-Paul de la même cité.

Je n'essaierai pas de décrire cet établissement, remarquable par son site et la pureté de l'air qu'on y respire; je ne parlerai pas d'une fontaine qui, au moyen d'un canal souterrain de trois mille mètres, apporte ses belles eaux pour le double service de la maison et des bains, ouverts à l'indigent pour l'amour de Dieu, et au riche pour l'amour de l'indigent. Ces eaux fraîches et limpides ont été, pour leur qualité savonneuse et minérale, reconnues favorables dans les maladies cutanées, dès 1778, par Doucet, habile chirurgien de Frolais, qui a composé sur ce sujet un mémoire manuscrit, digne des honneurs de l'impression, au jugement de Courtépée, annaliste de Bourgogne, à qui j'emprunte ces documents. J'omets ici les détails; mais il fallait noter, révéler et faire valoir cette fondation, comme une œuvre de la foi dépendante du pèlerinage et de la dévotion de la Sainte à la gloire de qui j'ai consacré ce petit travail.

Je ne dois pas cependant passer sous silence la chapelle de l'hospice. Sa forme intérieure est une espèce de croix grecque dans toute sa simplicité : son élévation est de 8 à 10 mètres du sol à la voûte; sa longueur, de 20 mètres; son étendue, dans les

les bras de la croix, est de 15 mètres; enfin cette chapelle a partout ailleurs 5 mètres de largeur. Quoiqu'elle soit nulle pour l'art chrétien dans sa construction toute moderne, elle a quelque chose de naïf et de pieux dans sa forme et le genre de sa décoration.

CHAPITRE III.

Des grands et pieux tableaux qui retracent, dans la chapelle de l'hôpital, le glorieux martyre de sainte Reine. — Des lieux que parcourt la procession qui se fait au jour de sa fête, et qui prend à la chapelle son point de départ.

En mettant le pied dans le sanctuaire de la chapelle, on pense à la nef principale de Fourvière[1]. Il y a cependant cette différence que les murailles de

[1] Le pape Paul V, par une bulle donnée à Frascati, en déclarant canoniquement établie la confrérie en l'honneur de sainte Reine, y a attaché trois indulgences plénières. La première est affectée au jour de la réception en la confrérie ; la deuxième, à l'heure de la mort des confrères et consœurs; la troisième, au jour de la fête de Sainte-Reine. Cette dernière indulgence se gagnait par une visite faite à l'ancienne chapelle des Cordeliers, aujourd'hui en reconstruction.

3

Fourvières sont tapissées de petits tableaux groupés
et jetés par milliers, sans autre ordre que les misères humaines dont ils expriment les vœux, tandis
que la chapelle de l'hospice Sainte-Reine est en
grande partie garnie par dix ou douze grands tableaux, dont la collection nous offre la suite des circonstances de la vie, du martyre et de la mort de
cette vierge, telles à peu près que les rapporte la
chronique.

Le premier tableau de cette galerie religieuse est
placé dans le bras droit de la croix ; il en forme le
fond dans toute sa largeur ; je dis le bras droit de
la croix, pour qui aurait en face le maître-autel. La
naissance de la Sainte, *son baptême et son éducation* y
sont représentés en trois petits sujets bien distincts.
On voit la petite Reine lisant auprès de sa nourrice,
sur un livre où sont écrits ces mots : *Fleurs des
Saints.*

Dans le second, qui est superposé, la jeune vierge
est peinte avec le costume d'une bergère, ayant près
d'elle un petit troupeau ; on la voit, d'une part,
s'exercer aux œuvres de charité envers des malheureux ; de l'autre, elle prend la fuite. Dans le lointain
apparaît à cheval le proconsul Olibrius : il semble
être à la poursuite de la fille de Clementinus; Reine,
pour se soustraire à ses recherches, veut se cacher

dans un groupe de trois ormeaux plantés au pied du mont Auxois; mais elle est, dit-on, trahie par l'indiscrétion d'un lépreux qu'on voit gisant dans le voisinage. Cette légende a fait aux troix ormeaux une grande célébrité; les pèlerins ne manquent pas de les visiter par dévotion. Chacun, pour posséder un mémorial de son pèlerinage, tenait à emporter quelques parcelles de leur bois vénéré. Ces pieux larcins, avec le temps, ont fait disparaître les trois arbres dont l'ombre hospitalière avait un jour essayé de protéger l'innocence, A leur place ont été élevées trois croix, qui sont aujourd'hui posées à côté de trois ormeaux de nouvelle plantation. C'est à cette même chronique, au sujet du lépreux, qu'il faut rattacher l'opinion populaire qui tient que les eaux de la fontaine de Sainte-Reine, salutaires pour toute espèce de maladies et d'infirmités, sont pour la lèpre sans efficacité et sans vertu. On lit sur ce tableau ces mots qui en indiquent le sujet : *Sa charité et sa fuite.*

Le sujet du troisième tableau est *sa condamnation et son emprisonnement.* La Sainte, vêtue avec distinction, dans une attitude noble et modeste, est aux pieds de son persécuteur. Olibre est sur son siége préfectoral, surmonté d'un riche baldaquin . Il semble encore occupé à séduire, et finit par condam-

ner. On voit au plan supérieur la jeune vierge conduite en prison [1].

La sanglante flagellation est représentée dans le quatrième tableau. Olibre, présent à ce spectacle d'horreur, en détourne la face.

Les cinquième et sixième tableaux qui tapissent la partie inférieure de la chapelle, à chacun des côtés des portes principales, donnent la suite des circonstances du douloureux martyre de sainte Reine.

Au coin du sixième tableau, la sainte est dans une prison, la croix lui apparaît, ainsi qu'une colombe qui porte en son bec une couronne. Cette colombe et cette couronne sont encore représentées dans ce même tableau, au centre, au-dessus de la martyre, qui est plongée dans une eau fétide d'où elle lance un regard d'amour vers le Ciel.

La mort de sainte Reine est le sujet du septième tableau ; on y lit ces mots : *Sa mort et ses miracles.* On voit en effet la Sainte décapitée. Son corps est incliné vers la terre ; le bourreau tient sa tête, dont les

[1] La Sainte est également aux pieds d'Olibre, dans le tableau qui forme le retable de l'autel qui porte son nom dans la même chapelle, près du trésor des saintes reliques. Le proconsul cherche à la persuader ; le bourreau présent tient son glaive levé, prêt à frapper sa victime à laquelle le Ciel prépare un triomphe. On voit, en effet un ange descendant du ciel, tenant en main une palme et une couronne.

traits respirent le calme et la douceur. Son âme, sous la forme d'un corps virginal, est enlevée au ciel par des anges, à la vue d'Olibre, des soldats et du peuple.

Le huitième tableau est la sépulture; il met en quelque sorte sous les yeux, dans son culte naissant, une apothéose et un genre de canonisation. Ce tableau est divisé en deux parties. On voit, dans la première, creuser la fosse où doit être déposé le saint corps. Quatre personnages environnent cette précieuse dépouille, avec une expression pleine d'un religieux repentir; l'un d'eux tient la tête de la martyre.

Dans la seconde, un prêtre est à l'autel, offrant le Saint-Sacrifice; il en est au moment de l'élévation de la sainte Hostie. Un clerc, servant la messe, soutient la chasuble, comme il se pratique encore aujourd'hui. Cinq personnages, qu'on peut prendre pour des pèlerins, sont agenouillés au pied de l'autel; cet autel est surmonté d'un crucifix, orné des images de la Sainte Vierge et de saint Jean. Un cierge brûle à chaque extrémité. A la partie supérieure de cette espèce de retable, s'élève sainte Reine, une palme à la main avec une auréole sur la tête.

Le sujet du neuvième tableau est l'invention des reliques de la Sainte.

Le dixième tableau enfin, qui termine cette pieuse

galerie, expose avec magnificence la solennité de la translation des reliques de la vierge d'Alise à Flavigny. On y remarque un grand concours de religieux de divers ordres. Ces derniers tableaux, le neuvième et le dixième, font face aux deux premiers, et tapissent de même l'un des deux bras de la chapelle.

J'ai remarqué, à l'un des coins du cinquième tableau, le millésime de 1621 : cette date indique ou l'origine de ces peintures ou une restauration.

Au haut de plusieurs tableaux, on voit des édifices en formes de tours ou de châteaux. Ce sont sans doute les restes d'Alise, ou les palais du vainqueur, élevés sur les ruines de cette ville.

On voit dans le côté droit de la chapelle, précisément au-dessous du premier tableau, le trésor des saintes reliques. Comme les reliques, tant celles de la glorieuse patronne que des autres saints, se rattachent à la procession dont elles sont ou l'objet ou l'ornement, j'en dirai un mot, en donnant les diverses descriptions de cette cérémonie.

C'est de la chapelle de l'hospice que le cortége religieux prend son point de départ, pour diriger sa marche vers le sommet du mont Auxois; rien de plus pittoresque que le développement de cette procession. Ce qui frappe tout d'abord la vue, c'est le spectacle de ce peuple en prières autour des croix,

des bannières, des reliques et des insignes divers de dévotion...

Après environ trois quarts d'heure de marche, on arrive à l'église paroissiale ; saint Léger en est le titulaire[1]. Après une courte station, la procession se dirige vers la grande voie méridionale qui, prenant à l'antique Alise, conduit par une pente douce et facile au pied du mont Auxois. On descend par là à la station des Ormeaux. C'est là, nous l'avons dit, le lieu où, selon les uns, sainte Reine, trahie par un lépreux, aurait été saisie par Olibrius, et où, suivant les autres, la martyre aurait subi son interrogatoire et souffert le premier tourment. Quoi qu'il en soit, il faut bien que quelque chose de merveilleux se rattache à ces arbres privilégiés, puisque, de temps immémorial, ils sont, avec sainte Reine, l'objet d'un culte spécial, et que les médailles frappés à l'effigie de la Sainte portent constamment au revers l'image des trois ormeaux.

Après une bénédiction solennelle donnée avec la sainte croix par le célébrant, la procession, de ce lieu

[1] L'église de Saint-Léger, dans sa partie supérieure, est romane; elle rappelle l'abside de Saint-Vorles de Châtillon-sur-Seine. — On voit les trois fenêtres, symbole de la Trinité divine. Les deux fenêtres de la nef, les plus rapprochées du sanctuaire, appartiennent à la construction primitive. Le reste de l'édifice est moderne.

si cher aux bons pèlerins, regagne en vingt-cinq mi-
nutes la chapelle de l'hospice, par la voie la plus
courte et la plus escarpée [1].

En contemplant ces reliques descendues dans la
plaine, il semble voir les élus de Dieu apparaissant
dans la *Vallée des Larmes* pour consoler leurs frères
encore exilés; et, lorsque, sous les yeux des mortels
encore dans l'épreuve, elles remontent à la chapelle,
lieu de leur repos, par un chemin âpre et difficile, on
se figure voir les bienheureux sortir de leurs cen-
dres pour dire à leurs frères voyageurs : Voici la
route, suivez-la; si le travail vous effraie, que la récompense vous anime. Voyez le ciel ! c'est le terme
du pèlerinage.

Les vêpres, chantés avec solennité, couronnent la
cérémonie. Mais la procession, jusqu'à ces derniers
temps, n'était entièrement terminée qu'à l'église des
Cordeliers. C'est là que le clergé et le peuple se

---

[1] Dans le parcours de la procession, avant d'arriver à la
station des trois croix, on en rencontre deux autres : l'une
au quartier haut, près de Saint-Léger; l'autre en dehors
du pays, sur le chemin de Flavigny. La première porte sur
une face un crucifix; sur l'autre, l'image de la Sainte Vierge;
sur le pied est cette inscription : 1556. CESTE CROIX ICI FIST
FAIRE JOSEPH BONNET, LABOUREUR D'ALISE. IHS MA. IOSEPH.
La seconde croix est plus moderne; elle fut élevée *à la
dévotion de Philibert Ponsolle et d'Edmée Ponsolle, sa
sœur, en 1806,* comme on le voit par l'inscription.

transportaient, comme au temps des religieux franciscains.

Aujourd'hui, l'église des Cordeliers est en ruine ; devenue propriété particulière, elle est sur le point de disparaître. Mais, grâce à Dieu, la population d'Alise a compris ce qu'elle doit à sa patronne, ce qu'elle se doit à elle-même, et ces ruines chères à son cœur sont placées sous sa sauvegarde.

Ce lieu sacré ne peut manquer de nous intéresser tous. La tradition nous le donne comme lieu de la sépulture de la vierge martyre ; on y voit la fontaine, si aimée des pèlerins ; près de là se trouvaient les bains où autrefois ils se plongeaient par dévotion, dans l'espoir d'obtenir, par l'intercession de notre Sainte, soulagement et guérison.

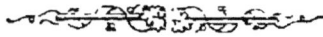

CHAPITRE IV.

Comment les RR. PP. Cordeliers ont fait, en 1688, de la procession de sainte Reine un triomphe sans pareil.

(Je transcris textuellement un imprimé de l'époque.)

Affiches publiques mises aux portes de la chapelle de Sainte-Reine, et envoyées dans les lieux et les villes du voisinage.

AUX DÉVOTS DE SAINTE REINE.

Vous êtes avertis que le 7 septembre (jour de sainte Reine[1]), il y aura indulgence plénière dans la chapelle d'Alise pour tous ceux qui sont de sa confrérie; que le panégyrique s'en fera à la grand'messe par le

---

[1] La fête de sainte Reine tombe le 7 septembre. Mais aujourd'hui la solennité et la procession sont remises au dimanche suivant, à moins que le 7 ne soit un dimanche; car en ce cas, la solennité et la procession coïncident avec la fête et se font le même jour (7 septembre).

La fête de la translation se rattache à la fête de la sainte Trinité.

R. P. J.-B. Bazin, bachelier de Sorbonne, ancien *deffiniteur* de son ordre et gardien du couvent d'Alise.

Que la procession s'y fera solennellement à deux heures précises, après midi, et que l'on ira de la chapelle à la paroisse ; aux Trois-Ormeaux, maintenant dits *aux Trois-Croix*, au bas de la montagne ; à l'hôpital ensuite : tous les habitants étant sous les armes.

Les principaux instruments du martyre de la sainte y seront représentés et portés en triomphe, précédés et suivis de différentes personnes qui auront un rapport quelconque avec le sujet. La Sainte y sera pareillement représentée par une demoiselle d'Alise, selon la coutume, entourée de petits enfants et de filles d'honneur, qui soutiendront les extrémités des chaînes.

Les saintes reliques y seront portées, à l'ordinaire, sur douze brancards richement ornés, par les filles du lieu. La bénédiction du Très-Saint-Sacrement s'y donnera à 7 heures, en faveur des pèlerins, et cette belle cérémonie s'y continuera chaque année avec encore plus de pompe et de magnificence, puisqu'on prêchera durant toute l'octave, à l'offerte de la grand' messe, la vie et les miracles de la Sainte.

Ordre pour la solennité de la fête de sainte Reine, dans sa chapelle d'Alise, desservie par les RR. PP. Cordeliers réformés dudit lieu, qui l'ont jointe à leur église, et pour la marche de la procession, à la paroisse, aux Trois-Ormeaux ou Trois-Croix, et à l'Hôpital, cette présente année 1688.

LE TRIOMPHE DE SAINTE REINE, REPRÉSENTÉ DANS LA MARCHE DE LA PROCESSION, DIVISÉE EN SIX CORPS.

1. Des habitants sous les armes, les officiers à la tête.

2. Différentes personnes qui doivent précéder les instruments du martyre de sainte Reine.

3. Les instruments de ce martyre, élevés et portés en triomphe.

4. Les autres différentes personnes qui suivent lesdits instruments.

5. Les reliques posées sur douze brancards, et portées (selon la coutume) par des filles du lieu.

6. Les religieux du couvent, tous revêtus de chapes de différentes couleurs; après quoi suivront les magistrats du lieu et les officiers de justice, les personnes de qualité, les pèlerins et la population.

PREMIER CORPS.

Des habitants sous les armes, les officiers à leur tête.

1. Le capitaine des hommes à la droite, et celui des garçons à la gauche, chacun une demi-pique à la main.

2. Le major, à cheval, avec la canne en main, pour donner les ordres partout.

3. L'enseigne, dans le corps, précédée de deux petits cadets, ses fils, aussi chacun une demi-pique à la main.

4. A la queue, Clément, grand seigneur du pays, idolâtre, et père de sainte Reine, à cheval, précédé des gens de sa maison.

5. Les aigles de l'Empire, ou les triomphes des empereurs romains qu'on portait ordinairement devant eux, soutenues par trois cadets marchant de front.

6. Olibre, tyran, préfet de l'empereur, qui fit mourir sainte Reine, pareillement à cheval, mais d'ailleurs confus et vaincu, entouré et suivi de ses courtisans désolés.

Il y eut plusieurs tambours, flûtes et hautbois dans ce premier corps et mêlés dans les rangs qui étaient doublés. (*Sic.*)

DEUXIÈME CORPS.

Des différentes personnes qui doivent précéder les instruments du martyre de sainte Reine.

1. Une petite sainte Reine encore enfant, menée par la main par sa gouvernante ou chère nourrice, qui la rendit chrétienne.

2. La vie des Saints, portée en triomphe, pour avoir été l'occupation ordinaire de sainte Reine, dans sa tendre jeunesse [1].

3. Une sainte Reine en bergère gardant les troupeaux de sa nourrice, une houlette à la main, et deux petits moutons à ses côtés, qui suivront.

4. Trois croix portées de front, au sommet desquelles il y aura trois rameaux, pour représenter les trois ormeaux sous lesquels sainte Reine fut prise, au bas de la montagne.

5. Une troisième sainte Reine captive, enchaînée et conduite au tyran Olibre par des gardes, des pertuisanes en main.

6. La représentation d'une tour du château de Grignon, appartenant au père de sainte Reine, où elle fut mise d'abord en prison, à une lieue d'Alise.

---

[1] Voyez à la page 42 de cet ouvrage, la description du premier tableau intitulé : *Naissance, baptême, éducation.*

7. Le charitable Théophile, son secret nourrissier, et son premier panégyriste, tenant pour cet effet, en sa main gauche un pain, et en sa droite une plume ; il la nourrissait en cachette dans la prison, et il en décrivit lui-même le martyre, comme présent.

8. Une grande croix que sainte Reine vit la nuit dans sa prison, au sommet de laquelle il lui apparut une colombe qui la vint consoler et la fortifier sur ce qu'elle avait à souffrir.

TROISIÈME CORPS.

Des instruments de son martyre, élevés et portés en triomphe par douze ou quinze personnes.

1. Les chaînes dont elle fut chargée au château de Grignon.

2. La colonne à laquelle elle fut attachée dans la prison de ce château.

3. Les verges, les fouets de cordes entrelacées les unes dans les autres et tout ensanglantées.

4. Les peignes de fer qui lui ratissèrent et écorchèrent la peau, et qui lui déchirèrent les entrailles.

5. Les tenailles et les rasoirs dont elle fut tourmentée à plusieurs reprises.

6. Une roue garnie tout autour de pointes de fer, dont Olibre voulut l'épouvanter.

7. Un chevalet en forme de croix de Saint-André sur lequel elle fut mise et élevée en l'air.

8. Deux torches ardentes dont on se servit pour lui brûler les côtés.

9. Une cuvette, pour représenter celle qui fut remplie d'eau froide, où Olibrius la fit jeter, ou pour l'y noyer, ou pour l'y faire plus souffrir.

10. Les chaînes qui lui tenaient les bras attachés pour lors, miraculeusement brisées et mises en pièces.

11. La colombe qui lui apparut dans cet instant avec une riche et éclatante couronne, lorsqu'on entendit cette voix : *Venez, Reine, régner avec votre époux.*

12. Le sabre ou le coutelas, encore tout ensanglanté, dont on lui trancha la tête.

QUATRIÈME CORPS.

Des différents sujets qui suivent les instruments du martyre de la Sainte.

1. Ici sera la représentation de la merveilleuse fontaine qui sortit tout à coup de l'endroit où la tête de la Sainte tomba étant coupée, et des malades qui accoururent de toutes parts.

2. Les chrétiens d'Alise qui ensevelirent son corps, proche de ladite fontaine, chacun un instrument en

main, comme pioches, houes, pelles, et un cercueil de bois.

3. Les filles chrétiennes du voisinage d'Alise, qui furent présentes à son martyre.

4. De petits enfants d'honneur, marchant devant la Sainte et répandant des fleurs sur son chemin.

5. Sainte Reine, glorieuse et triomphante, une palme à la main, la couronne en tête, un long manteau sur les épaules; deux filles d'honneur à ses côtés, supportant les bouts des chaînes, et deux autres portant la queue dudit manteau, entourées de gardes avec des pertuisanes en main.

6. De petits anges portant en triomphe son âme au ciel et chantant les louanges du Très-Haut, en le bénissant d'une si grande victoire.

7. Les idoles ou faux dieux d'Olibre abattus, brisés et ruinés entièrement par la mort de sainte Reine.

8. Plusieurs idolâtres qui se convertirent alors, et qui demandèrent le baptême et se firent chrétiens.

9. La représentation des flambeaux allumés qui ont paru si souvent partir du château de Grignon, prison de la Sainte, et des montagnes voisines, et s'approcher insensiblement de la chapelle de Sainte-Reine, comme pour honorer (dit Cérisier, *Élo-*

ges Sacrés), ceux qui brûlèrent autrefois ses flancs sacrés.

CINQUIÈME CORPS.

De la marche des reliques, portées sur douze brancards par les filles du lieu.

1. Il y aura d'abord en tête une bannière ou étendard de damas rouge, à franges d'or, des plus riches et des mieux faits, sur lequel est dépeinte, des deux côtés, la figure de sainte Reine, glorieuse et triomphante de ses chaînes, une palme à la main.

2. Deux parcelles de la vraie croix, dans une croix d'argent.

3. Partie d'une mâchoire de sainte Ursule, dans un chef doré.

4. Différentes reliques, dans une petite châsse peinte.

5. Un ossement de saint Léger, évêque et martyr, patron de la paroisse, dans un chef doré.

6. L'os d'un bras d'une des onze mille vierges, dans un bras doré.

7. Une relique de sainte Barbe, dans un chef doré.

8. Plusieurs belles reliques, dans une grande châsse peinte.

9. Un morceau d'une côte de saint Étienne, dans un chef doré.

10. Un ossement de sainte Marguerite, dans une figure d'argent.

11. Une relique de saint Grégoire pape, dans un chef doré.

12. Un petit os de sainte Reine, dans une grande figure d'argent.

13. La belle relique de sainte Reine, ou l'os du bras droit appelé *radius*, renfermé dans un ancien reliquaire ou bras d'argent doré, enrichi de diverses pierreries et de bagues d'or et d'argent dans les doigts, d'un travail fort antique.

Cette relique a été tirée du trésor d'Osnabruck, où l'empereur Charlemagne l'avait donnée, et elle fut accordée à Mgr le prince duc de Longueville, plénipotentiaire de S. M. pour la paix générale qui se traita à Munster, l'an 1647, par le seigneur–évêque et le chapitre d'Osnabruck.

Son Altesse la céda ensuite au couvent de sainte Reine, en l'an 1648, à présent quarante ans. Les authentiques certificats sont en bonne forme et en original dans les archives du couvent.

SIXIÈME CORPS.

Les religieux du couvent de Sainte-Reine, tous revêtus de chapes, aubes ou surplis.

1. Un porte-croix en chape à fond d'argent, ayant

à ses côtés deux porte-chandeliers en aubes seulement.

2. Ensuite trente cordeliers suivant deux à deux, tous en chapes de différentes couleurs, et parsemées de fleurs d'un mélange fort singulier et bien observé.

3. Après suivait un sous-diacre en tunique rouge de velours cramoisi, marchant seul et au milieu, tenant en ses mains un petit sanctuaire de Jérusalem.

4. Après lui un diacre pareillement seul, en tunique rouge, tenant aussi un autre sanctuaire de Jérusalem en main.

5. Et le dernier de tous était le supérieur officiant qui présidait à la procession en chape, l'étole au cou, etc., qui terminait ainsi la marche, portant une croix de Jérusalem en main.

6. Il y avait deux religieux *hinc et inde* à ses côtés, qui soutenaient les extrémités de la chape, et des gardes avec leurs pertuisanes autour de lui, pour le garantir de la foule, qui ne fut jamais plus grande dans ce lieu.

7. Il y avait deux maîtres des cérémonies en surplis, pour faire observer l'ordre et la distance égale dans les rangs, afin de ne pas se confondre.

8. Il y en eut autant pour la marche des reliques

et pour les différents personnages qui précédaient, ou qui portaient, ou qui suivaient les instruments de sainte Reine.

CHAPITRE V.

Comment la procession de sainte Reine, qui s'est faite jusqu'à nos jours, fut, dans tous les temps, la représentation de la sainte vie et de la glorieuse mort de la vierge martyre. — Des belles et nombreuses châsses qui font l'ornement de cette solennité.

Après avoir donné la description de la procession de 1688, je vais dire comment ladite procession se faisait immédiatement avant 93, d'après des témoins oculaires, anciens du bourg, encore vivants en 1840.

En tête de la procession marchait une compagnie de cent à cent vingt hommes précédés de tambours, de fifres, de hautbois. L'enseigne de la compagnie était un beau drapeau de satin blanc sur lequel brillait écrite en lettres d'or cette invocation : *Sainte Reine d'Alise.* Au-dessous on lisait le nom du donateur. A la suite de ce premier corps paraissait, re-

présentée par une tendre enfant de deux ans au plus, la petite sainte Reine entre les bras de sa nourrice, accompagnée du père nourricier, qui portait sous son bras gauche un pain blanc et une bouteille à la main.

Suivait une autre enfant de huit à dix ans; celle-ci portait la houlette; c'était sainte Reine, bergère; sa compagne, jeune aussi, portait la quenouille ouvrière à son côté, et à la main le léger fuseau; l'une et l'autre étaient vêtues de blanc.

Ensuite venait Olibrius; il avait à sa droite un personnage que le bon peuple ne connaissait que sous le nom de confident, et, à sa gauche, Clément, père de la Sainte; tous trois étaient à cheval et marchaient de front. Ils étaient suivis par quatre porte-enseigne marchant deux à deux; leurs étendards étaient ceux de Rome.

Immédiatement après le proconsul et son cortége, se présentait, les yeux modestement baissés, parée avec simplicité, une jeune vierge à la fleur de l'âge; ses vêtements étaient bleus ou violets; elle tenait à la main un livre de prières : c'était sainte Reine méditante; deux jeunes adolescents pleins d'innocence l'accompagnaient avec l'attitude du respect; deux vieillards vénérables faisaient en armes la garde autour de sa personne; un page portait la queue de sa longue robe.

Jusqu'ici la procession n'est qu'une représentation des jeunes années de sainte Reine et de cette fête dont Olibrius, selon la chronique, voulut honorer celle qu'il se flattait encore d'obtenir pour épouse; mais comme les choses changèrent tout à coup de face, la procession, qui reflète la légende, devait prendre aussitôt un nouvel aspect.

Alors la Passion du Sauveur était mise en scène à la suite de la méditante, et plaçait la Sainte entre le monde et Jésus-Christ.

Trois jeunes personnes vêtues de robes blanches en formaient comme le premier acte, où figurait en outre la Véronique; ces trois personnes représentaient les trois Marie, compagnes inséparables du Sauveur. Figuré par un jeune homme, Jésus-Christ portait sa croix; comme en ce temps-là, il était aidé dans sa marche pénible par un Cyrénéen, image du chrétien à qui Jésus-Christ dit : *Si quelqu'un veut venir après moi, qu'il se renonce lui-même, qu'il porte sa croix tous les jours et qu'il me suive.*

Un second jeune homme suivait le premier, portant, en forme d'étendard et ornée des instruments de là Passion, une croix de mission; c'était sans doute la croix triomphante. A cet insigne se rattachaient toutes les gloires de la Religion du Calvaire depuis les apôtres; on aurait pu y inscrire ces

mots, qui renferment l'histoire de dix-huit siècles :
Christus vincit, regnat, imperat.

Arrivait ensuite un groupe de jeunes personnes,
portant, les unes les instruments du martyre de la
Sainte, les autres ceux de sa sépulture, et même le
cercueil qui devait comme recevoir la précieuse dépouille.

La colombe mystérieuse apparue à sainte Reine
dans sa prison était représentée, comme le dit la
chronique, en haut d'une croix réduite à des pro-
portions assez médiocres, pour qu'un enfant dans la
candeur de l'âge pût la porter en triomphe.

C'est à la suite de ce spectacle que s'avançait, représentée dans cette marche religieuse pour la quatrième fois, sainte Reine alors martyre : le rouge,
symbole du sang des héros de la foi, et de la charité
qui le fait verser, était sa couleur; elle avait à ses
côtés deux gardes, dont la face devait porter les traits
de la férocité. Ils soutenaient de part et d'autre les
extrémités des chaînes dont la jeune vierge était
chargée. Le bourreau pressait de près sa victime,
ceint d'une écharpe couleur de sang dont son affreux
visage était dégoûtant, les jambes et les bras dé-
couverts, comme prêt à exécuter; il portait à la
main un sabre nu qu'il brandissait en menaçant autour de la tête de la vierge martyre.

Ici le spectacle varie une seconde fois : le martyre est consommé ; la procession reprend son air de triomphe, la bannière qui porte l'image de la Sainte flotte au milieu des airs ; c'est le symbole de sa belle âme qui a pris son essor vers les cieux ; et, tandis que le Ciel couronne son élue, la terre fait l'apothéose de la vertu persécutée.

La bannière qui se portait avant 93 en cette cérémonie, et que l'on a conservée jusqu'à ce jour, ressemble à l'ancienne de 1688, avec la différence que cette dernière porte le chiffre de 1732, et cette invocation que nous avons déjà remarquée quelque part : *Sancta Regina, ora pro nobis.*

Les saintes reliques, portées à la suite l'une de l'autre sur des brancards bien décorés et accompagnés chacun de deux gardes armés, marchaient après la martyre.

Enfin, à la suite des saintes reliques, dans le lointain, et comme descendant du ciel ressuscitée, accompagnée de deux bons anges sous la forme de deux jeunes enfants, la palme triomphale à la main, la tête ornée de l'auréole d'immortalité, apparaissait Reine la céleste, la triomphante : son vêtement blanc, orné de rouge, en faisant connaître la vierge martyre, reflétait ses deux vertus caractéristiques, la chasteté et la charité.

La marche était fermée par le clergé en chapes. Si la solennité de sainte Reine tombait un des jours de la semaine, le clergé des paroisses circonvoisines venait, par son concours, ajouter à la pompe de la cérémonie.

Après avoir donné les détails de la procession de 1688 et des années qui ont précédé 93, je vais exposer ce qui se pratique aujourd'hui, ce que j'ai vu en 1838, et ce dont j'eusse été témoin pour la seconde fois en 1840, si un temps brumeux ne fut venu troubler la fête, en mettant obstacle à la cérémonie.

PROCESSION DE SAINTE REINE, TELLE QU'ELLE S'EST FAITE EN CES DERNIERS TEMPS.

Un piquet de garde nationale ouvre la marche. Comme l'acte où figuraient autrefois sainte Reine enfant, la nourrice et le père nourricier, a été supprimé, à la suite de cette compagnie guerrière, composée d'une douzaine d'hommes, s'avance sainte Reine, bergère, représentée par une jeune enfant dans l'adolescence ; elle a une houlette à la main et est vêtue de blanc ainsi que sa compagne, dont les attributs consacrés sont la quenouille et le fuseau.

A leur suite et à peu de distance marche la *Médi-tante*, vêtue de bleu ou de violet, la tête voilée et un

livre à la main; deux jeunes enfants habillés de blanc accompagnent la Sainte comme ses bons anges, dont ils portent le nom; deux vieillards couverts d'un chapeau à la Henri IV, et armés chacun d'une hallebarde à la façon des Suisses, sont comme ses gardes d'honneur.

Une jeune enfant porte la merveilleuse colombe apparue à la Sainte dans la prison.

La martyre, vêtue de rouge et couverte d'un voile virginal, suit de près la *Méditante*; elle a à ses côtés deux soldats qui tiennent les extrémités de la chaîne dont elle est chargée. L'appareil du bourreau et son rôle, peut-être aujourd'hui grotesque et trop effrayant, ont disparu de cette cérémonie.

La bannière à fond rouge de 1732, portant sur ses deux faces l'effigie de la Sainte avec l'invocation : *Sancta Regina*, ouvre la marche des saintes reliques. Les châsses sont disposées dans l'ordre suivant :

Les six premières châsses sont des bustes plus connus sous le nom de chefs; on y remarque ceux de saint Étienne, premier martyr, de saint Hilaire, de sainte Gertrude et de sainte Barbe.

Après les six chefs, vient une statuette de sainte Catherine. Les quatre reliquaires qui suivent sont en forme de bras; on lit sur un ossement, que renferme l'un d'eux, le nom de saint Lucien.

Viennent ensuite deux châsses enrichies de diverses reliques : leur forme est tumulaire, et la matière, si je ne me trompe, est de bois d'ébène ; des garnitures en cuivre assez artistement travaillées en font l'ornement.

La treizième renferme des reliques de saint Vital et de sainte Olympiade, des saints Paulin et Julien, et enfin d'une des vierges compagnes de sainte Ursule. La matière, la forme de ce reliquaire, ainsi que le nom des reliques et la forme du quatorzième ont échappé à mes souvenirs.

La quinzième châsse est en cuivre ; c'est une espèce de cylindre de deux décimètres de longueur sur neuf centimètres de circonférence, supporté par deux chérubins de même métal. Chaque statuette, dont la hauteur peut être de quinze centimètres, soutient d'une main la châsse cylindrique et porte de l'autre une palme. Ce travail a quelque chose d'original qui plaît ; j'ai lu ces mots sous le verre : *Sancti Mariani, mart.*

La seizième, dont la forme est celle d'un tombeau, renferme des reliques de sainte Euphémie et de deux autres bienheureux.

La dix-septième enfin est le chef de sainte Reine : la relique qu'elle contient serait, au témoignage de M. le curé de la paroisse, celle dont la reine-mère

Anne d'Autriche a enrichi le pays, en 1665, et dont j'ai vu, imprimée, la lettre d'authenticité.

A la suite des saintes reliques, et immédiatement après le chef de la martyre d'Alise, qui semble dominer cette longue et imposante cohorte de héros de la foi, l'usage antique suivi jusqu'à ce jour place sainte Reine triomphante; elle est représentée par une jeune personne pieuse et modeste, vêtue de blanc, le front voilé, la tête ornée d'une couronne virginale, la palme du martyre à la main : sous la forme de petits anges, deux enfants, aussi vêtus de blanc, l'accompagnent en soutenant respectueusement les extrémités flottantes de sa ceinture, symbole de pureté et de force. Le clergé, précédé de sa croix processionnelle, ferme la marche. Le curé qui préside la cérémonie porte aussi entre ses mains le signe de la rédemption.

CHAPITRE VI.

—

*Comment les bons habitants d'Alise, en 1855 essayè-
rent de faire renaître la dévotion envers leur
sainte Patronne. — Zèle déployé par eux au
jour de sa fête. — Pompe religieuse de la procession.*

Depuis quelque temps la solennité de la procession
de sainte Reine tendait à disparaître avec l'esprit
de foi. La fête mondaine prédominait chaque année
davantage; elle menaçait de jeter dans l'oubli jusqu'au nom de la glorieuse martyre dont les exemples
de vertu et la gloire auraient dû occuper tous les
cœurs. Les pieux pèlerins disparaissaient pour faire
place aux enfants du plaisir, disciples d'un sensualisme plus que païen.

Ce débordement du mal, colporté par des étrangers
sans foi et sans aveu, ne se fais.it pas sentir à
Alise seulement; il circulait partout, et les vertueux
curés du voisinage et leurs pieux paroissiens n'avaient
pas moins à gémir des excès des fêtes patronales,
que les vrais amis de sainte Reine.

Des chrétiens fidèles, honorables habitants d'Alise, hommes de foi et de cœur, s'unirent au zélé pasteur pour protester contre le scandale, et ranimer la foi par une pompe nouvelle, mais chrétienne.

Il ne s'agissait pas de développer un spectacle fait seulement pour frapper les yeux et satisfaire une vaine curiosité, on voulait ressusciter le passé; mais un passé glorieux et religieux à la fois, où la pompe du culte extérieur, en frappant les yeux, devait éclairer l'esprit, parler au cœur et l'élever à Dieu; on voulait un retour sérieux à la piété des temps anciens.

Dans ces vues, une retraite préparatoire à la solennité avait été offerte à la paroisse d'Alise. Celui qui écrit ces lignes, en sa qualité de missionnaire spécialement dévoué au culte de sainte Reine, fut appelé à en donner les exercices. Jamais il n'avait vu de retraite mieux accueillie, ni suivie avec plus de zèle et d'empressement. Depuis le dimanche 4 septembre, jour de l'ouverture, jusqu'au lundi 12, où se fit la clôture, on vit la population, attentive et recueillie, se presser autour de la chaire chrétienne.

On put dès lors juger que la foi était vive encore aux cœurs des habitants d'Alise.

Tel est l'état de notre société; elle est agonisante, elle sent qu'elle meurt : mais elle veut vivre; et ses

instincts, quand ils ne sont pas contrariés, la poussent à chercher la vie là où elle est : AU PIED DE LA CROIX ET DE LA CHAIRE CATHOLIQUE.

La science du prêtre est de comprendre et de bien apprécier ces besoins des peuples, et son devoir est de répondre à une profonde misère par une immense miséricorde.

Ces pieux exercices se renouvelaient trois et quatre fois le jour, tant à l'église paroissiale qu'à la chapelle de l'hospice.

Si la chaire était environnée d'auditeurs, le confessionnal était assiégé par les malades spirituels qui demandaient pour leur âme consolation, secours et guérison. Bon nombre de pieux fidèles indigènes, pèlerins et pauvres de l'hospice, à cette occasion, participèrent au banquet eucharistique. Mais il était réservé au révérend père Gérardot, dominicain[1], de jeter dans cette paroisse le filet de saint Pierre, et de mettre aux pieds de Jésus-Christ une pêche pour ainsi dire miraculeuse. C'est ce qui arriva en effet, lorsque, après une station de quelques semaines, donnée, dans l'Avent de la même année, par cet homme de Dieu, un nombre imposant de chefs de

---

[1] Mort l'année suivante, victime de son zèle et de sa charité.

familles et de jeunes gens se réconciliaient avec Dieu, et reprenaient leurs places à la table sainte [1].

Les jours qui précédèrent la solennité de Sainte-Reine avaient été, pour la plupart, des jours de tempête. La veille au soir, la pluie fut torrentielle. L'assistance à l'exercice du soir ne fut pas moindre cependant; on avait faim de la sainte parole, on bravait tout pour la recevoir.

La nécessité d'un prompt retour à Dieu, à l'observation de sa loi, à la sanctification du dimanche, comme aux seuls principes d'ordre et aux conditions nécessaires du bonheur des familles; l'obligation de reprendre l'habitude des sacrements, qui donnent la vie aux nations, en communiquant aux âmes l'esprit de sacrifice et la vertu; la réforme de l'éducation de l'enfance et de la jeunesse, basée sur l'instruction catholique, la piété des mères, et les exemples des pères : ces graves vérités furent annoncées, développées et accueillies par le religieux auditoire. Après la pluie presque diluvienne du samedi, la matinée du dimanche fut sombre, mais calme. On flottait entre la crainte et l'espérance.

[1] C'est à la suite de cette station, et par les soins du prédicateur et de M. le curé, que s'est établie la Conférence de Saint-Vincent-de-Paul, appelée à faire à Alise-Sainte Reine le bien qu'elle fait partout ailleurs.

La grand'messe fut célébrée, selon l'usage, à la chapelle de l'hospice, avec une pompe inaccoutumée et un grand concours de fidèles ; un chœur de musiciens, venus de la paroisse de Beaume-la-Roche, formé par les soins de M. l'abbé Lorimy, curé de ladite paroisse, exécuta, sous la direction du maître, des morceaux religieux, propres à favoriser la piété des fidèles.

Les jeunes filles appelées à l'insigne honneur de représenter l'héroïne, objet de la solennité, assistèrent en costume de cérémonie à la messe solennelle, célébrée par le vénérable curé, et y communièrent de sa main.

A midi, le temps continuant à être calme, on commença à se rassurer.

A une heure, les petits enfants de la paroisse et des pays voisins assiégeaient, avec leurs pieuses mères, la chapelle de l'hospice ; ils venaient recevoir, des mains du missionnaire, la bénédiction que le Sauveur des hommes donnait avec une bonté si expansive aux enfants de la Judée, quand, invités par des paroles pleines de tendresse, ils se pressaient autour de sa personne sacrée.

Une première bénédiction avait été donnée aux pèlerins malades et infirmes, et aux pauvres de l'hospice. L'heure de la procession était arrivée : l'ho-

rizon, de plus en plus calme, avait dissipé la crainte. Un grand concours de peuple attendait avec impatience.

De pieux ecclésiastiques, la plupart d'Alise, mus par un sentiment de foi et par l'amour de la patrie, s'étaient réunis au vénérable curé et à son auxiliaire, pour régler la cérémonie et rehausser l'éclat de la solennité.

Le cortége se déploya aussitôt avec un ordre et une magnificence qui frappèrent d'abord les regards, captivèrent bientôt l'admiration et imposèrent le respect. Si quelques fils de Balaam s'étaient portés au haut de la montagne, pour insulter ou pour maudire, ils furent forcés de contempler.

Voici en quel ordre se déploya le cortége : la bannière de la Sainte Vierge ouvrait la marche religieuse ; la statue de la Mère de Dieu, portée sur un brancard, suivait sa bannière ; un groupe de jeunes filles vêtues de blanc accompagnait ces saintes images ; venait ensuite la bannière de sainte Reine : deux jeunes garçons portaient les cordons d'honneur. Sainte Reine enfant, accompagnée des père et mère nourriciers, marchait immédiatement après la bannière ; elle était suivie de deux jeunes compagnes, portant l'une la quenouille et l'autre la houlette, insignes traditionnels de la bergère de la

Vallée des *Laumes*. Paraissaient quatre porte-enseigne; on lisait sur leurs drapeaux les initiales de ces mots : SENATUS POPULUSQUE ROMANUS; ces enseignes précédaient Olibre, vêtu en gouverneur romain ; il s'avançait avec fierté, portant un sceptre, signe de la puissance. Il avait à sa droite un grand officier, à sa gauche Clément, père de sainte Reine. Immédiatement après, marchait avec l'expression de la plus parfaite modestie sainte Reine méditante, accompagnée de deux jeunes enfants et de deux gardes romains.

On remarquait, avec intérêt, un jeune enfant de neuf à dix ans qui portait une croix ; il était vêtu de blanc et avait des ailes ; on eût dit un ange descendu des cieux pour offrir à sainte Reine l'image de la rédemption ; c'était comme une exhortation au combat, et le signe certain de la victoire ; sainte Reine martyre suivait la croix, chargée de chaînes ; elle était conduite par deux licteurs; deux bourreaux, la face voilée, marchaient immédiatement après elle.

Le convoi des saintes reliques, portées sur des brancards par les jeunes filles de la paroisse, se développait avec majesté. D'autres jeunes personnes accompagnaient les châsses, en s'alternant avec des soldats romains.

Ici paraissait un étendard inaccoutumé dont il sera

fait mention plus bas. Il est porté par un jeune adolescent, qui précède, comme un héraut, sainte Reine triomphante. La sainte était accompagnée de deux enfants, images des anges ; elle est entre deux gardes romains.

Suivait le clergé en chapes, précédé de la croix processionnelle.

Le suisse et les tambours ouvraient la marche ; le groupe des quatorze musiciens, vêtus en romains, la fermait. Les notables d'Alise, la foule des fidèles, hommes et femmes, suivaient le cortége.

Ce spectacle religieux était des plus imposants. Les chants du clergé, les cantiques des jeunes filles, l'invocation cent et cent fois répétée : *Sancta Regina, ora pro nobis ;* le son des tambours, battant avec gravité, s'alternant avec une musique à la fois militaire et religieuse : tout ce concert de voix et d'instruments, répété par les échos des montagnes, formait une harmonie qui annonçait le triomphe.

En effet, la religion triomphait dans la personne de sainte Reine, l'héroïne de la fête ; comme elle avait triomphé à Sens quinze jours auparavant, dans la translation si pieuse, si magnifique, des reliques de sainte Colombe ; comme elle devait triompher avec la pompe des temps anciens, quelques semaines

après, dans la translation de sainte Theudosie à Amiens, sa ville natale [1].

Le cortége qui formait la procession de sainte Reine se composait de deux éléments bien distincts, il convient de le faire remarquer ; c'est ce qui fait son propre caractère et qui la distingue de toute autre cérémonie du même genre.

On y voit, comme deux mondes en présence : le

---

[1] Par une double coïncidence qui ne manque pas d'intérêt, notre sainte Reine, sainte Colombe et sainte Theudosie, appartenant toutes trois à la Gaule romaine, se rattachant chacune à d'importantes cités de l'empire, *Alise*, *Sens et Amiens*, ont souffert le martyre dans le même siècle et presque à la même époque : sainte Reine, le 7 septembre 253. Sainte Colombe, le 31 décembre 274, et sainte Theudosie, d'après les archéologues romains les plus distingués, entre les années 253 et 275, sous le règne de l'empereur Valérien ou sous celui d'Aurélien. Seize siècles sont passés, et voici qu'en 1853, lorsque Sens et Amiens réveillent les souvenirs de l'antique foi, rappellent les peuples à la croix et aux tombeaux des saints pour y retrouver la vie qui se perd, le petit pays d'Alise, mu par une semblable inspiration, appelle ses enfants et les presse de se réunir au pied de cette croix, par laquelle sainte Reine a vaincu l'enfer et la barbarie, et qui a commencé la civilisation chrétienne, hors laquelle il n'y a pas plus de prospérité véritable pour les peuples, que hors l'Église il n'y de salut pour les âmes.

Voyez la notice de Mgr Gerbet sur sainte Theudosie, et la *Vie de sainte Colombe*, par M. l'abbé Bruilée, prêtre de Sens.

monde païen, représenté par Olibre et sa suite, le
monde chrétien, représenté par sainte Reine, le
clergé et le peuple fidèle. Le monde chrétien marche
sous l'étendard de la croix : de jeunes filles portent
sur leurs épaules les ossements des martyrs ; on
croit voir le Christianisme sortant des catacombes,
simple comme la colombe et timide comme l'agneau.

Le monde païen, fier d'innombrables triomphes,
fier de sa puissance, s'avance comme un géant sous
ses aigles mille fois victorieuses. Les hommes et les
jeunes gens d'Alise, choisis pour représenter Olibre,
former son cortége et ses gardes, avaient compris
leur mission ; ils la remplirent avec une gravité qui
pouvait faire croire à la réalité. Les jeunes filles des-
tinées à représenter sainte Reine à tous les âges et
dans toutes les situations de sa belle vie et de
son martyre, la nourrice et le nourricier de cette
enfant bénie, et ses petites compagnes, tous furent
admirables de simplicité, de candeur et de piété.

Cette idée des deux mondes, représentés dans la
procession, ne fut pas saisie d'abord, au moins par le
grand nombre ; mais elle était dans les faits, et les
faits étaient sous les yeux ; il a suffi d'appeler un
instant l'attention pour la faire comprendre par tous ;
déjà l'insigne inaccoutumé porté par l'adolescent
mentionné plus haut en disait un premier mot, qui

ne devait se développer avec évidence qu'à la station des trois ormeaux.

Le parcours de la procession, de la chapelle de l'hospice aux trois ormeaux, avait duré deux heures. De cette multitude qui s'était d'abord pressée au commencement de la cérémonie, un certain nombre de pieux fidèles avaient suivi le cortége dans les rues étroites d'Alise ; beaucoup d'entre eux, placés aux fenêtres, s'étaient contentés de le voir défiler ; des groupes, portés çà et là dans les lieux les plus favorablement situés, le saluaient en passant. Les pères le faisaient admirer à leurs enfants. Lorsque la procession approchait des trois ormeaux, une multitude d'hommes, de femmes, de jeunes gens, de jeunes filles et d'enfants, l'y avaient précédée. Le nombre des assistants pouvait bien se monter à deux ou trois mille ; on savait que le missionnaire, selon l'usage suivi depuis quinze ans, devait y faire une allocution.

Le cortége une fois arrivé à la station, l'orchestre exécuta une délicieuse symphonie, au milieu d'un silence parfait.

L'horizon s'était éclairci : le soleil, voilé depuis près de trois jours par d'épais nuages, lançait par intervalle ses rayons lumineux. — Nous étions dans a Vallée des *Laumes*, à quelques pas de la voie de

fer qui remplace aujourd'hui, à dix-huit siècles de distance, les voies romaines, ces voies qui rattachaient à la vieille Rome, Lutèce, Lyon et Marseille ; nous étions au pied des ruines d'Alise. — César avait foulé le sol qui nous portait ; — 150,000 Gaulois, ayant à leur tête leur Vercingétorix y étaient morts, défendant leur liberté, leurs dieux et leurs foyers. Ce lieu d'immenses douleurs pouvait avec raison s'appeler une vallée de larmes (*laumes* en vieux langage); Gaulois et Romains, vainqueurs et vaincus, depuis quinze siècles ont disparu.

César, vainqueur des potentats du monde, seul les effaçant tous pendant trois siècles et plus, avait exécuté, sans les comprendre, les vengeances du Très-Haut ; il avait accompli les menaces prophétiques contre le juif déicide, dont il avait été le lâche complice. Après avoir amoncelé dans Rome toutes les richesses avec toutes les corruptions de la terre ; après avoir encensé les statues des faux dieux ou les avoir ramassées pêle-mêle dans un panthéon sacrilége ; après avoir renié Dieu et son Christ, persécuté à outrance les fidèles adorateurs, arrivé à l'apogée de la puissance et de la gloire, César à son tour était vaincu ! à Rome par un pêcheur de Galilée, à Lutèce par Denis, à Lyon par Irénée et Pothin, à Marseille par Lazare, et enfin à Alise par une jeune fille ! Il

était vaincu partout où il avait triomphé. Celui qui était tout, était vaincu par ce qui n'était rien. Jamais victoire n'avait été plus complète, jamais défaite n'avait été plus ignominieuse.

L'empire romain en ruines, — la croix sur ces ruines comme sur un piédestal, l'univers au pied de la croix !

Quel spectacle ! et ce spectacle nous l'avions pour ainsi dire sous les yeux, dans notre procession de Sainte-Reine.

C'était sous cette inspiration que le missionnaire, hissé sur le piédestal de la croix principale, après avoir invoqué l'Esprit divin, adressait la parole à ce peuple plus avide d'entendre que curieux de voir. Ce peuple a compris la légende de l'étendard improvisé et porté pour la première fois dans cette solennité : *Ici, César a vaincu la Gaule : ici une vierge chrétienne a vaincu César. Le sang de sainte Reine, répandu au pied de la croix, a enfanté un peuple nouveau.*

Il a compris non-seulement l'histoire du passé, mais il a compris les secrets de l'avenir. Et quels sont ces secrets ? et quel est cet avenir ? Que, pour le monde qui croule aujourd'hui, comme pour le vieux monde qui croulait il y a dix-huit siècles, toute espérance est dans la croix.

« Quand la poussière qui s'élevait sous les pieds de tant d'armées, qui sortait de l'écroulement de tant de monuments fut tombée; quand les tourbillons de fumée qui s'échappaient de tant de villes enflammées furent dissipés; quand la mort eut fait taire les gémissements de tant de victimes; quand le bruit de la chute du colosse romain eut cessé, alors on aperçut une croix, et au pied de cette croix un monde nouveau. Quelques prêtres, l'évangile à la main, assis sur des ruines, ressuscitaient la société au milieu des tombeaux, comme Jésus-Christ rendit la vie aux enfants de ceux qui avaient cru en lui[1]. »

Le prédicateur, après avoir voté des remerciements aux amis de sainte Reine, et tout particulièrement aux membres du comité organisateur de la fête, annonçait une quête, ouvrait une souscription à l'effet d'ériger un monument commémoratif des grands faits dont Alise-Sainte-Reine a été le théâtre...

Descendu de sa chaire improvisée et toute de circonstance, au milieu d'un auditoire visiblement ému, le missionnaire présenta sa barrette en guise de bassin et commença la quête. C'était à qui lui ferait son offrande; il avait demandé avant tout le concours des cœurs et le denier de la veuve, comme ex-

[1] *Génie du Christianisme.*

pressions d'une volonté. Les sous à la lettre pleu-
vaient sur lui ; ils semblaient descendre des nues,
en tombant des fenêtres où se retrouvaient les spectateurs à la rentrée de la procession.

La quête se continua pendant les vêpres à la chapelle de l'hospice, dans la cour d'honneur et dans
la rue adjacente; les pieux amis de sainte Reine
montraient autant de joie à donner que le missionnaire en avait à recevoir. Ces premières offrandes
furent augmentées par les offrandes particulières des
habitants de Sainte-Reine, à l'exercice de la clôture
de la retraite. Ensemble réunies, elles forment la
première somme destinée à relever la chapelle des
Cordeliers, seul monument digne de Sainte-Reine,
de la piété de ses habitants et des pieux pèlerins.

A cinq heures, l'éclat extérieur de la fête avait
disparu; mais la joie, et une joie sainte, était dans
tous les cœurs.

A six heures, les jeunes personnes de la paroisse,
ayant à leur tête les trois compagnes en qui sainte
Reine avait été, pour ainsi dire, personnifiée, se
réunissaient de nouveau à la chapelle de l'hospice.
Là, sous la bannière et les auspices de la vierge
d'Alise, pénétrées des plus pieux sentiments, elles
consacraient leur jeunesse et leurs cœurs à Marie,
reine des vierges et des martyrs.

À sept heures, toutes ces jeunes filles s'en retournaient heureuses, portant dans leurs familles, avec la bonne odeur de Jésus-Christ, la paix du Seigneur, que les petits enfants avaient déjà reçue, pour la faire partager à tous les bons parents.

Le lendemain lundi, se faisait à huit heures du soir, dans l'église paroissiale de Saint-Léger, la clôture solennelle des exercices de la retraite.

De solennelles actions de grâces étaient rendues à Dieu, premier et éternel auteur de tout bien.

Un échange de sentiments chrétiens et d'adieux fraternels se faisait entre le prêtre missionnaire et le vénérable curé, parlant tant en son nom qu'au nom de ses chers paroissiens.

Les jeunes gens du pays, puis les jeunes filles, qui avaient mis tant d'ardeur à célébrer l'héroïne d'Alise, exprimèrent tour à tour des sentiments qui sont un favorable augure pour le bonheur des familles et l'avenir de la paroisse.

Tous, alors placés sous les auspices de la vierge martyre, ne faisaient qu'un cœur et qu'une âme. La croix était le centre d'une amitié sainte. Commencée sur la terre, elle s'éternisera dans les cieux.

CHAPITRE VII.

Les droits chemins pour venir à Saincte-Reine en Bourgogne, où il s'y oppère de grands miracles de plusieurs endroits.

Ce que nous avons dit, au chapitre deuxième, du nombre prodigieux des pèlerins qui venaient à Sainte-Reine au seizième siècle, se prouve par les détails suivants. Ils sont tirés d'un imprimé qui appartient à cette sainte époque, où les vrais enfants de l'Église, placés en présence de l'hérésie, sentaient le besoin de rafraîchir leur foi dans le sang des martyrs et de la fortifier aux pieds des reliques des saints.

PREMIÈREMENT CELUI DE VENISE, PASSANT PAR LE MILANAIS POUR VENIR A SAINTE-REINE.

De Venise à Lucifurine,	5 milles.
De Lucifurine à Padoue,	un mil.
De Padoue à Vicence,	10 mil.
De Vicence à Vérone, bâtie par les Français,	12 mil.
De Vérone à Bresse,	12 mil.
De Bresse à Gonguaye,	12 mil.
De Gonguaye à Mantin Dugne.	10 mil.

De Mantin Dugne à Ternis,	9 mil.
De Ternis à la bonne Ville de Milan,	12 mil.
De Milan au Chastelet,	12 mil.
De Chastelet à Bufarole,	12 m.
De Bufarole à Novare,	10 m.
De Novare à Verceil,	10 m.
De Verceil à Trasme,	4 m.
De Trasme à Salogne,	10 m.
De Salogne à Ligorne,	10 m.
De Ligorne à Salluce,	6. m.
De S lluce à Chivas,	6. m.
De Chivas à Brandis,	8 m.
De Brandis à Turin,	10 m.
De Turin à Civolle,	3 m.
De Civolle à Villane,	7 m.
De Villane à saint Ambroise,	6 m.
De saint Ambroise à Suse de Turin,	une l.
De Suse à·la Monalaise,	2 l
De la Monalaise à la Ferrière,	1 l.
De la Ferrière montent la montagne, et puis à la grande Croix,	2 l.
De la grande Croix à l'Hôpital,	1 l.
De l'Hôpital à Lasnebourg,	1 l.
De Lasnebourg à Tresminion,	2 l.
De Tresminion à Modanne,	2 l.
De Modanne à saint Michel,	4 l.
De saint Michel à saint André,	1 l.
De saint André à saint Jean de Moraisme,	5 l.
De saint Jean de Moraisme à la Chambre,	4 l.
De la Chambre à Pont sur Aire,	1 l.
De Pont sur Aire à Aiguebelle,	4 l.

D'Aignebelle à Montmélian, forteresse,   3 l.

De Montmélian à Notre-Dame de Myans, lieu miraculeux
et de grande dévotion,   1 l.

De Myans à Chambéry,   2. l.

De Chambéry au Pin,   3 l.

Du Pin au Pont de Beauvoisin,   3 l.

Du Pont de Beauvoisin à la Tour du Pin,   3 l.

De la Tour du Pin à la Voupilière,   6 l.

De la Voupilière à S. Laurent,   2 l.

De S. Laurent à Lyon,   4 l.

De Lyon on prend le chemin pour venir à Châlon-sur-Saône
en se mettant sur l'eau et de Châlon sur sainte Reine.

LE CHEMIN DE TURIN A SAINTE REINE.

A Rinole,   2 l.

De Rinole à saint Antoine.   1 l.

De saint Antoine à Vilaine,   1 l.

De Vilaine à saint Michel,   1 l.

De saint Michel à saint Ambroise,   2 l.

De S. Ambroise à S. George,   demye l.

De S. George à Bourselin,   1 l.

De Bourselin à Suse,   2 l.

De Suse à Monalaise,   2 l.

De Monalaise à la Ferrière,   1 l.

De la Ferrière à Montcenis,

De Montcenis à la grande Croix,   1 l.

De la grande Croix à l'Hôpital.   1 l.

De l'Hôpital à la Tavernette,   1 l.

De la Tavernette à la Chapelle des Transis.   2 l.

De la Chapelle des Transis à la Ramasse,   1 l.

On descend le Montrenis tirant à Lasnebour, 1 l.

De Lasnebour à Tresminion. 2 l.

De Tresminion à Solliers, 1 l.

De Solliers à Brasme, 1 l.

De Brasme à Mondanné, 2 l.

•De Mondanne à S. Andre, 1 l.

De S. André à S. Julien, 1 l.

De S. Julien à S. Jean de Morienne, ville d'Evéché

De là à Pont Armillon, 1 l.

De Pont Armillon à Pont Menfroy, 1 l.

De Pont Menfroy à Pont Renard sur Aire 1 l.

De Pont Renard à la Chambre, ville, 1 l.

De la Chambre à la Chapelle, montagne, 2 l.

De la Chapelle à Argentine, forge et forêt, 1 l.

D'Argentine à Aiguebelle, ville, 1 l.

D'Aiguebelle à Chamenis, 2 l.

L'on trouve un chasteau de marbre noir sur le chemin, et on laisse Miolan à droite, prison forte.

De Chamenis à Ribault, Château, demye lieuë. Passe l'Izère revenant à Montmelian, forteresse, 1 l.

De Montmelian à Nostre-Dame de Myans, lieu miraculeux, 1 l.

De Nostre-Dame de Myans à Chambéry, 1 l.

Le plus court est par le mont du Chat, il faut passer au borgt, et de là monter le mont du chat, et puis tirer à Jesnes, 6 l.

De Jesnes à Pierre Chatel, 1 l.

Tu peux voir la Chartreuse sur la montagne du côté de Belay, et de là à Belay, ville.

De Belay à Roussillon, 3 l.

De Roussillon à S. Rember. 3 l.

8

De S. Rember au Pont d'Ain,   4 l.

De Pont d'Ain à Bourg en Bresse,   4 l.

Du Bourg à S. Trenis,   6 l.

De S. Trenis à Cusery,   3 l.

De Cusery à Tenarre,   3 l.

De Tenarre à Oucour,   1 l.

D'Oucour à Chalon, ville, et de là prend le chemin de Charny ou bien par Beaune.

De Beaune à Nostre-Dame du Chemin, demye lieuë, et de là à Nuys,   demye l.

De Nuys à Argilly,   3 l.

D'Argilly à Dijon, laisse Tallant à gauche, passe près du Chênes d'Autreserve et prend garde à la bourse, et puis au val de Suson,   3 l.

Du val de Suson jusques à S. Seine, il faut passer les bois de Sestres, fâcheux chemin pour ceux qui ont beaucoup d'argent,   3 l.

De S. Seyne monte la montagne et puis à Blegny passe le bois et puis descend à Bouc,   3. l.

De Bouc passe dans un bois, beau chemin autrefois pavé jusques à Alize, cité ancienne, en passant vois Flavigny où repose une partie des reliques de sainte Reine, et de là à sainte Reine où tu verras le lieu de son martyre et sa sépulture, et de plus la Fontaine qui saillit quand on lui eut coupé la teste, où il s'oppere quantité de miracles.

LE DROIT CHEMIN PAR TERRE DE PARIS A SAINTE REINE.

A Villejuive, une lieuë à la Faussée : passe le long Bouyau,   1 l.

A Junisi.   1 l.

A Ris, demye lieuë.

De Ris à Essonne.   1 l.

Le Plessis.   1 l.

Du Plessis prend à gauche et laisse le chemin de Lyon à droite et de là à Pontierry.   3 l.

De Pontierry à la forest de Biere.

A l'Hrmitage de Fontainebleau

Aux hautes Loges,   2 l.

Et puis aux basses Loges.   2 l.

Amots, ville,   2 l.

A Villeneuve la Guerre,   2 l.

A Champigny,   1 l.

A la Chapelle : demye lieuë.

A Ville Manoche, demye lieuë.

A Pont sur Yonne, demye lieuë.

A sainct Denis,   1 l.

A Ste Erlombe, demye l.

D'Erlombe à Sens, ville ancienne : archevesché.

A la plaine de Véron, chapelle sur le chemin.   2 l.

A Villeneuve le Roy. 1 l. A Ormoy.   2 l.

A Ville Valliere.   1 l.

A Villechien, demye lieue.

A saint Aubin demie lieue.

A Joigny, ville,   1 l.

Le plus court pour aller à sainte Reine et le plus beau, il faut passer à Chiny.   2 l.

A Autreserve.   1 l.

A Pontigny, Abbaye, vois les Religieux de S. Edme et ceux qui ne voudront aller à ladite Abbaye il faut aller tout droit à Legny chatel une grande lieue.

A Dic. 2 l. Tonnerre.   3 l.

A L'zine. 2 l. A Ancy-le-franc. 2 l.

Le plus court, il passera le Port en été par Fulny : mais le plus beau en tout temps est par Raviere. 1 l.

A Rougemont. 1 l. A Buffon. 1 l.

A S. Remy passe le Pont, ou bien de l'autre co té à Monbard. 2 l.

A Soigny. 2 l.

A Sainte Reine vois la Fontaine miraculeuse, et les autres choses particulières.

LE CHEMIN DE NEVERS A SAINTE REINE.

A Clamecy, 10 l.

A Veselay, 6 l.

A Avallon, ville, 3 l.

A Semur. 6 l. A Villenotte, 1 l.

A Mussi la Fosse, 1 l.

Et de là à sainte Reine.

LE CHEMIN DE ROUEN A SAINTE REINE.

De Rouen il faut monter la montagne Catherine. Le Faux 1 l.

Franqueville, une demye lieue.

Lombrel, 1 l.

Le Port Bodouin, 1 l.

Bois Taillis, passage dangereux.

Fleury sur Andelle, bonnes truites.

Monte la montagne,

Escouys, bourg, 2 l.

A Muchgros, 4 l.

A Frenelle, 4 l.

A Boissement,   4 l.

A Sausay,   4 l.

A Richamble,   1 l. et demye.

A saint Cler,   1 l.

A la Chapelle,   1 l.

A saint Gervais,   1 l.

A Magny, une demi-lieue.

A Cler,   2 l.

Le Bouydeau de Vigny,   1 l.

A la Villeneuve,   1 l.

A Pisante, 1 l.   A Pontoise, ville, 2 l.

A Pierre Laye, 1 l.   A Argenteuïl, 2 l.

A Asnière,   1 l.

Passe la Rivière de Seyne.

A Monceaux,   1 l.

A Paris,   demye l.

Ou bien prenez le chemin par Franconville. Et de Paris prenez le chemin comme il est dit cy-dessus, de Paris à Ste Reine.

LE CHEMIN D'ANGERS A SAINTE REINE.

D'Angers à la Dagueniere,   1 l.

A saint Maturin sur la levée,   1 l.

Les Rosiers,   1 l.

Saint Martin de la Place,   2 l.

Saint Lombert,   1 l.

A Saumur,   demye l.

A Villevernier,   1 l.

A Varenne à costé gauche.

A Dourzay,   2 l.

A la chapelle Blanche,   2 l.

A saint Patric,	1 l.
A saint Michaud sur Loire,	2 l.
A Filauniere,	2 l.
A Langeais sur Loire ville et chasteau,	1 l.
A saint Mars,	1 l.
A la Pille de S. Nicolas,	1 l.
A Millay,	1 l.
Le Port de Sainte-Sire; passe la Barque,	3 l.
A Tours, ville,	2 l.
A Amboise,	demye l.
A Blois, 8 l.	A Orléans, 17 l.
D'Orléans à Gien sur Loire,	17 l.
A Osois,	3 l.
A Bleneau ville,	3 l.
A Tossy, ville,	4 l.
Auxerre,	4 l.
D'Auxerre à Prey,	2 l.
A Grefeuille,	3 l.
A Noyers, ville, bon vin,	2 l.
A Sansvin,	2 l.
A Estivey,	1 l.
A Aisy,	2 l.
A saint Remy,	2 l.
A Montbard,	2 l.
A sainte Reine,	3 l.

NOTA. — Cet Itinéaire des anciens pèlerins de Sainte-Reine, d'après un vieil imprimé in-32, remonte sans contredit à la belle époque du pèlerinage. (*Nous le donnons ici textuellement.*)

CHAPITRE VIII.

—

Comment le culte de sainte Reine s'est développé dans le monde chrétien, et comment il s'est perpétué jusqu'à nos jours.

La foi est comme une poussière céleste et féconde; les pèlerinages sont comme des courants qui contribuèrent à la propager; aussi l'enfer a-t-il pris à tâche d'anéantir les pèlerinages, que l'Église a toujours voulu régler. C'est sous l'empire de ces pieuses pérégrinations que le culte de sainte Reine, comme une plante salutaire et une fleur d'un doux parfum, s'est transplanté d'Alise, son sol natal, en diverses contrées de la France et dans le monde chrétien.

Nous allons citer quelques noms de ces lieux bénis, qui nous ont été communiqués par des prêtres pieux et zélés; l'avenir et les circonstances nous en feront arriver d'autres, nous les joindrons aux premiers; ainsi, en rapprochant les lieux où sainte Reine est plus particulièrement connue et honorée, du lieu de son martyre, où son culte a pris naissance, nous réunirons les ruisseaux à leur source, nous

rattacherons les rayons à leur centre; la lumière en
deviendra plus vive; la dévotion envers notre vierge
martyre étant par là ranimée, les grâces et les bénédictions découleront pour tous plus abondantes; l'É-
vangile l'a dit : L'union dans la prière est une puissance à laquelle Dieu même ne résiste pas.

DES DIVERS LIEUX PATRONNÉS PAR SAINTE REINE.

Flavigny. — Parmi les lieux patronnés par sainte Reine
d'Alise, après celui qui fut le théâtre de son martyre, Flavigny tient sans contredit le premier rang. C'est à Flavigy,
comme nous l'avons dit dans la notice, qu'ont été transférées, il y a mille ans, et que reposent les reliques de notre
vierge martyre.

Saint-Eustache de Paris. — Anne d'Autriche, mère de
Louis-le-Grand, ayant obtenu en 1665, des religieux de
Flavigny, sur la permission de l'ordinaire, deux fragments
des reliques de sainte Reine, en offrit un à l'église Saint-
Eustache de Paris quelque temps avant sa mort.

Jusqu'e 93, la vierge de la Bourgogne eut dans cette insigne église une chapelle richement décorée. Voici sur le
culte de sainte Reine, dans la capitale de l'Empire, les renseignements que je dois à l'obligeance de M. l'abbé Gaudreau,
curé actuel, chanoine honoraire de Notre-Dame. — Dans la
grande croisée du nord, avait été élevé en 1410 un autel,
surmonté de trois niches d'une sculpture achevée. Cet autel
avait été consacré à sainte Reine en 1604, puis conjointe-
ment à saint Louis roi de France en 1750.

Là s'assemblaient tour à tour les confrères des deux pa-
trons.

La confrérie de Sainte-Reine se composait de fidèles de tout âge, de tout sexe et de toute condition. Elle avait ses statuts, ses pratiques, ses revenus à part. Elle prenait rang dans les cérémonies immédiatement après la confrérie de Notre-Dame-de-Bon-Secours et celle du Saint-Sacrement. Les hommes seuls remplissaient les offices de la confrérie et en étaient les dignitaires. A ces fêtes on exposait à la vénération des confrères et des consœurs les reliques de la patronne, renfermées dans une châsse de grand prix. On l'invoquait en diverses maladies, et, à cet égard, son autel qui attirait de nombreux pèlerins, était l'objet d'un culte très suivi

La confrérie prit naissance en 1604; elle fut confirmée par une bulle du pape Paul V en date du 3 des calendes de septembre, en 1608.

On célébrait la fête de sainte Reine le 7 septembre, et celle de la translation de ses reliques le dimanche de la Sexagésime; ce jour-là il y avait procession solennelle, les reliques y étaient portées avec pompe au milieu des confrères et des dignitaires réunis. Paul V avait attaché à cette pieuse confrérie trois indulgences plénières et quelques indulgences partielles; les indulgences plénières se gagnaient par les confrères, la première au jour de leur réception, la deuxième à la fête de la Sainte, la troisième à la mort; chaque dimanche, la confrérie avait à sa chapelle sa messe particulière; des prières et des messes s'y disaient pour les confrères défunts.

Le Propre de la chapelle de Sainte-Reine, suivi de la vie de cette vierge martyre, se conserve aux archives de Saint-Eustache. Il a été imprimé en 1736.

Nous rapportons ces intéressants détails avec d'autant

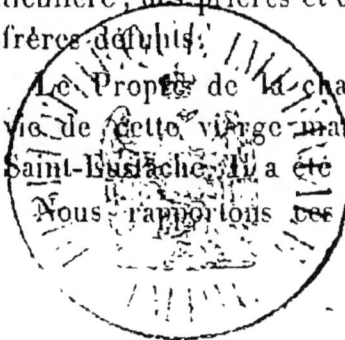

plus de plaisir, que le zélé et vénérable curé a le projet de rétablir à Saint-Eustache, dans un avenir prochain, l'autel et le culte de sainte Reine dont les vieillards conservent encore le souvenir.

Sainte-Reine en Bretagne près Pontchâteau. — En 1680, presque à l'extrémité occidentale de la paroisse de Pontchâteau, à 8 kilomètres de cette ville, fut élevée par les soins d'une famille seigneuriale une chapelle en l'honneur de sainte Reine. Telle fut au diocèse de Nantes, et peut-être dans la Bretagne, l'origine du culte de la vierge de la Bourgogne. L'idée de mettre la nouvelle chapelle sous le vocable de notre martyre est due, dit-on, à un ecclésiastique bourguignon, alors vicaire de Pontchâteau selon les uns, et précepteur dans la maison des fondateurs selon les autres.

Cette chapelle, qui était en 1715 succursale de Pontchâteau et desservie par un vicaire résidant, fut en 1801 érigée en église paroissiale[1].

La dévotion à sainte Reine est pleine de vie dans la nouvelle paroisse. Le pèlerinage, qui s'y est continué, vient d'être continué (1853) par la translation d'une relique extraite du trésor de Flavigny et concédée par monseigneur l'évêque de Dijon.

On voyait, dit un journal breton, l'*Espérance du peuple*,

---

[1] Sa Sainteté Pie IX, en date du 8 janvier 1847, a accordé à perpétuité une indulgence plénière applicable aux âmes du purgatoire, à tous ceux qui, s'éta t confessés et ayant saintement communié, visiteront l'église de Sainte-Reine et y prieront pendant q elque temps selon les intentions du Souverain-Pontife, le jour de la fête de la vierge martyre ou pendant son octave.

à l'occasion de cette translation, des milliers de pieux fidèles, accourus de toute part, dès le matin avant la grand'messe, pour le transport des reliques du presbytère à l'église, et surtout le soir pour la procession. Formée de deux rangs d'assistants s'étendant avec un ordre parfait dans le long trajet de l'église au calvaire, cette procession offrait un aspect ravissant. Les reliques étaient au centre, portées sur un riche brancard par des ecclésiastiques revêtus d'aubes avec ceintures rouges, couleur des martyrs, accompagnés de jeunes enfants tenant à la main des étendards blancs, symbole des vierges.

Le cortége fit une station au Calvaire; M. le curé de Donges y adressa une allocution qui charma cette population de bons fidèles, pressés autour de la sainte montagne. Cette cérémonie, présidée par M. le curé de Pontchâteau, accompagné d'un nombreux clergé, se termina par le *Te Deum* et le chant d'un cantique composé pour la circonstance de cette belle fête.

Notre pèlerinage de sainte Reine, ajoute le même journal, sera désormais plus fréquenté que jamais; et nous verrons, n'en doutons pas, se renouveler chaque année ce nombreux concours de fidèles que nous contemplions hier avec autant d'édification que de bonheur.

Il existe au village de Laffaoux, en la paroisse de Beignon, diocèse de Vannes, une chapelle de sainte Reine. Le registre paroissial porte que cette chapelle fut bâtie l'an 1676 par Guillaume Gehanne, du village de Laffaoux, sous le pontificat et avec l'aide de Sébastien de Guémadeuc, évêque de Saint-Malo. On raconte que le prélat s'opposa d'abord aux projets qu'avait Gehanne, d'élever un oratoire en l'honneur de sainte Reine. Mais celui-ci, persuadé que le Ciel demandait

de lui cet acte de dévotion en l'honneur de la vierge de la
Bourgogne, ne tint pas compte de la défense de son évêque.
Guillaume d'abord plaça dans une petite niche une statuette
de la sainte, dont les faveurs et la protection attirèrent grand
nombre de pèlerins, puis se mit en devoir de bâtir sa chapelle. L'évêque, offensé, fit enfermer Guillaume dans la prison de son officialité.

Cependant le prélat tomba malade, atteint d'une violente
fièvre, qui le réduisit à la dernière extrémité. Tout semblait
désespéré, lorsque le cocher de l'évêque lui dit : — Monseigneur, il y a au bas de la lande de *Coquidam* une grotte
où on obtient guérison de la fièvre. — Et bien! dit le pon-
tife, j'en ferai l'essai ; qu'on prépare mon carrosse et qu'on
m'y conduise. — Mais, ajoute le cocher, Votre Grandeur re-
tient en prison le *bon homme* qui a élevé la grotte en
l'honneur de la sainte qui guérit. — Qu'on le mette en liberté, répond le prélat. — La légende ajoute : que l'évêque
ayant prié aux pieds de la statue du pilier, fut en effet
guéri, et que, par reconnaissance, il fournit à Guillaume les
moyens de bâtir à cent pas de la grotte, la chapelle de sainte
Reine qui existe encore aujourd'hui. Cette chapelle fut
donnée à Pierre Fleury, père du dernier prêtre qui l'a desservie, par l'acquéreur de l'église paroissiale de Beignon ; et
c'est de cette manière que cet oratoire a pu être conservé
pendant les mauvais jours de la révolution.

Cet oratoire est le but d'un nombreux concours, qui se
fait notamment les trois dimanches qui suivent le 7 septembre, jour de la fête de sainte Reine.

Isle-au-Mont. — Le diocèse de Troyes possède à ma connaissance deux chapelles dédiées à sainte Reine; l'une est au
hameau de Roche, paroisse d'Isle-au-Mont, près de Troyes ;

l'autre, sur le territoire de la paroisse de Bérulles, patrie de l'illustre et pieux cardinal de ce nom, et, qui fut peut-être élevée par ses soins et sur ses terres.

La chapelle actuelle de Roche ne remonte qu'à 1774. Mais il est constant, d'après les archives d'Isle-au-Mont, qu'il en existait une autre, placée sous le même vocable, en 1570. Au rapport des anciens du pays, dont le témoignage a été recueilli par M. l'abbé Durvand, curé de céans, mon vénérable ami, on voyait, avant 93, de nombreux pèlerins à la chapelle de Roche.

La dévotion envers sainte Reine, ralentie par le malheur des temps, a paru se ranimer de nos jours, grâce au zèle de M. Durvand et de ses paroissiens.

La chapelle a été restaurée. Des reliques de la Sainte y furent solennellement transférées ; et, le 8 septembre 1851, sa statue, portée en triomphe, fut replacée au frontispice de la chapelle, au milieu d'un grand concours de fidèles, au bruit solennel d'une salve d'artillerie des sapeurs pompiers et au chant du *Te Deum*.

Chaque année, le 7 septembre, la messe se célèbre en l'honneur de sainte Reine à la chapelle de Roche, et le lendemain, fête de la Nativité de la Sainte Vierge, la paroisse de l'Isle-au-Mont y va processionnellement vénérer les reliques de la vierge d'Alise [1].

Bérulles. — On n'assigne pas l'époque de la construction de la chapelle de Bérulles, ni la naissance du pèlerinage qui se perpétue de génération en génération, depuis un temps

---

[1] On voit dans l'église de Bar-sur-Seine, une statue de sainte Reine. (*S. Regina.*)

immémorial. Avant la grande révolution de 93, ce lieu était très vénéré et très fréquenté.

Aujourd'hui, on s'y rend encore de quatre à cinq lieues à la ronde, aux jours de la Sainte-Trinité et de la Sainte-Reine, qui sont les fêtes particulières de la chapelle de Bérulles comme de la chapelle d'Isle-au-Mont. La foi et la piété y conduisent encore nombre de pieux fidèle ; deux prêtres sont ordinairement nécessaires pour satisfaire leur dévotion.

Ce que j'ai vu moi-même en 1855, m'a édifié ; j'espère davantage pour l'avenir.

Joncy, archiprêtré de Guiches, diocèse d'Autun. — Dans la contrée appelée le *Petit-Balay*, vulgairement *Bala*, à la partie orientale de la paroisse de Joncy, est encore debout une petite chapelle dédiée à sainte Reine. Là, une sainte image de la vierge martyre attirait à ses pieds de nombreux pèlerins, surtout au 7 septembre, jour de sa fête. L'état de délabrement de ce modeste sanctuaire et d'autres causes firent transférer la statue et le pèlerinage à l'église paroissiale ; c'est là que chaque année se solennise la fête de sainte Reine, que s'entretient et se satisfait la dévotion des pieux fidèles

Si la petite chapelle, aujourd'hui délaissée, dans un avenir prochain, passablement restaurée, devenait le but d'une procession annuelle, nous applaudirions de grand cœur. Cette cérémonie, qui serait convenablement placée le 7 septembre ou le dimanche suivant, serait une heureuse imitation de la procession solennelle, qui, de temps immémorial, se renouvelle chaque année à la *grande Sainte-Reine*.

Châlon-sur-Saône. — Sainte Reine a aussi son sanctuaire dans l'église de Saint-Vincent à Châlons. Sa chapelle se trouve près de la porte latérale, à gauche en entrant. On y

voit sa statue au-dessus de l'autel. C'est là, dit M. l'abbé De-
migueux, auteur du *Pélerinage de Joncy*, à qui je dois ces
détails, que beaucoup de fidèles vont prier cette grande
sainte le 7 septembre.

Châlons-sur-Marne. — Il y a dans l'église de Saint-Loup,
à Châlons, une chapelle de sainte Reine. A cette chapelle se
rattache en l'honneur de la vierge d'Alise, une pieuse confrérie qui florissait au commencement de ce siècle.

Après avoir subi une diminution assez notable, la dévotion
envers notre Sainte, s'est ranimée en ces dernières années,
grâce au zèle de M. l'abbé Pérard, curé actuel.

Chaque année, la fête de sainte Reine se solennise à Saint-
Loup, le dimanche de l'octave de la fête du saint patron
(première quinzaine de septembre.) La messe solennelle de
la confrérie se dit à onze heure, après la messe paroissiale.

Les confrères, tant de la ville que des campagnes environ-
nantes, s'y rendent avec un empressement digne d'éloges.

Cette confrérie ne remonte pas au-delà de 1783.

Sainte-Reine d'Igny (diocèse de Besançon). — La paroisse
d'Igny se compose de trois villages; l'un des trois porte le
nom de Sainte-Reine. Rien cependant, dans le pays, ne rappelle cette auguste patronne à ses habitants. M. le curé qui
nous fait connaître cet oubli, ferait à coup sûr une œuvre
sainte, utile et agréable sans doute à une partie de ses paroissiens, en inaugurant en son église une statue de notre
vierge martyre. Son culte fut connu autrefois dans le pieux
diocèse de Besançon, comme me l'atteste un savant du pays [1],
qui me parle d'une chapelle encore fort fréquentée et élevée
en l'honneur de sainte Reine par les seigneurs de Ray, à un

[1] M. Suchet, professeur au collége de Saint-Xavier.

kilomètre de Vellexon (Haute-Saône). Je viens, me dit un
autre savant[1], curé de Rully, de parcourir en entier un
pouillé fort exact des bénéfices de l'*ancien* diocèse d'Autun;
on n'y voit qu'une seule paroisse sous le vocable de sainte
Reine : c'est Jailly, archiprêtré de Flavigny. Les renseignements qui me sont parvenus sur Jailly, m'apprennent : que la
dévotion envers sainte Reine était grande en ce pays avant
la révolution de 89 ; que les pèlerins accouraient en foule
pour honorer l'illustre martyre, dans l'église paroissiale placée
sous son vocable ; mais qu'aujourd'hui, il n'y a, pour ainsi
dire, plus que les habitants de la localité qui y célèbrent sa
mémoire.

[1] M. Péquegnot.

MÉDITATIONS PRÉPARATOIRES

A LA FÊTE DE SAINTE-REINE.

PREMIÈRE MÉDITATION.

SAINTE REINE CHRÉTIENNE.

Premier point. — Un chrétien et un saint, c'est la même chose. Il y a des degrés dans la vertu chrétienne, comme il y en a dans la sainteté ; mais entre l'une et l'autre il n'y a pas de différence. Ainsi ce mot trop souvent répété : « *Nous ne sommes pas des saints,* » dit avec un sentiment d'humilité, pourrait être un aveu utile ; il ne sera jamais une excuse valable. Reine fut sainte parce qu'elle fut chrétienne et une chrétienne parfaite.

Un chrétien est un homme baptisé, c'est-à-dire purifié de la tache du péché, affranchi du joug de Satan, devenu, par le sacrement de la régénération, frère de Jésus-Christ, enfant de Dieu et de l'Église et l'héritier des cieux.

Considère, ô chrétien, ta dignité ; mais garde-toi de dégénérer de ces nobles prérogatives ; médite-les

souvent comme les titres d'une sainte grandeur, et pratiques-en les devoirs à l'exemple des saints. Hélas! tu n'oublies que trop l'un et l'autre.

Haïr le péché est le premier de nos devoirs : le chrétien sincère et fidèle sait tout faire, tout souffrir plutôt que de le commettre.

Disciple de Jésus-Christ, il est l'imitateur de son maître; il travaille à être doux et humble comme son divin modèle, charitable et patient comme lui, soumis à Dieu en toutes choses, prêt à obéir, à son exemple et par sa grâce, jusqu'à la mort et à la mort de la croix.

Enfant de Dieu, sa joie est de méditer ses commandements, sa gloire est de les pratiquer. Enfant de l'Eglise, il a la foi de sa mère, il pratique sa loi avec la docilité filiale la plus entière.

Voilà le chrétien, considéré dans ses titres et dans l'accomplissement de ses devoirs.

Deuxième point. — Sainte Reine était chrétienne; elle l'était par ses œuvres et par ses vertus, comme elle l'était par le caractère et par la foi; elle l'était du fond de son cœur, elle le fut jusqu'à l'héroïsme. Née dans le paganisme, perdant l'auteur de ses jours en arrivant à la vie, elle eut le bonheur de trouver, dans une vertueuse nourrice, une nouvelle mère, qui lui fit sucer la piété avec le lait. Les premières leçons

qu'elle reçut furent sur la religion. Reine savait à peine bégayer sa pensée, qu'elle disait qu'elle voulait être chrétienne; à neuf ans elle fut baptisée. Elle comprit dès lors la grandeur de ses engagements. Elle conserva pure et sans tache la robe de son innocence; vierge sage, elle ne laissa pas éteindre en son cœur le feu du saint amour. Bien différente de ces lâches chrétiens qui sont les esclaves de mille passions, elle eut le péché en horreur; la moindre infidélité, l'ombre du mal eût alarmé sa conscience.

Ayant Jésus-Christ pour chef et pour maître, elle le prit pour son modèle, et fit de l'Évangile la règle de sa conduite.

Fuyant un monde dissipé et frivole, elle trouvait dans la solitude et la prière, ses amies inséparables, le Dieu de son cœur. Si elle parut quelques jours au milieu des fêtes et des pompes, ce fut à regret; comme Esther, elle méprisait en secret les grandeurs apparentes; elle foulait aux pieds les séductions trompeuses, pour s'élever à ce qui est vrai, éternel et infini.

Suis-je l'imitateur de sainte Reine, suis-je chrétien, moi qui lis ces pages? J'en ai le caractère et la foi : mais en fais-je les œuvres? Grand sujet d'examen, dont la conséquence devra être l'aveu de mes

fautes et une réforme sérieuse dans ma conduite. Dieu le veut, les intérêts de mon éternité l'exigent.

RÉSOLUTION. — Je veux être un chrétien sérieux, un homme de foi pratique; je veux me sauver quoi qu'il m'en coûte ; pour mettre mon salut en assurance, je fuirai le péché comme un ennemi mortel, j'observerai les commandements de Dieu et de l'Église; je ferai de l'Évangile la règle de mes pensées, de mes paroles et de toute ma conduite.

Bienheureuse sainte Reine, aidez-moi à accomplir jusqu'à la mort ces saintes résolutions.

DEUXIÈME MÉDITATION.

SAINTE REINE, VIERGE.

Premier point. — La virginité est un état sublime. Le chrétien qui s'y voue est presque l'égal des anges dans un corps mortel. Détaché des sens, uni à Dieu par les liens les plus étroits, il mène sur la terre une vie céleste.

Jésus-Christ en a fait une vocation de privilége; saint Paul, son interprète fidèle, la place fort au-des-

sus du mariage, qu'il appelle cependant un état saint. L'Église honore la virginité ; elle met sa gloire dans ceux de ses enfants qui l'ont prise pour leur partage ; elle ne tarit pas d'éloges pour la femme forte, l'incomparable Marie, qui l'a réunie à la maternité divine.

Le jeune homme voué à cet état, la jeune fille qui, par ce sacrifice, est élevée à la dignité d'épouse de Jésus-Christ, sont donc bienheureux.

Pour comprendre le secret de cette vocation éminente et y répondre, une grâce particulière est nécessaire ; mais quand cette grâce parle à ne s'y pas méprendre, malheur à l'âme qui, par lâcheté ou par faiblesse, oserait y résister ; malheur au monde qui met obstacle à ces généreux desseins. Les parents eux-mêmes, qui doivent sagement éprouver cette vocation dans leurs enfants, ne peuvent légitimement ni la contrarier, ni la détruire.

Mais surtout, malheur et mille fois malheur à l'âme chrétienne qui, après avoir tout quitté pour suivre Jésus-Christ, regarde en arrière ; qui, après s'être donnée tout entière à lui, reprend son cœur, qu'elle a attaché à la croix dans un mouvement d'amour, et l'acte d'une volonté libre et généreuse. Ame chrétienne, qui méditez ces pensées, qui que vous soyez, honorez là virginité. Si pour acheter cette perle pré-

cieuse vous avez tout donné, gardez-la comme un trésor; si au contraire, la Providence vous a placée dans l'état de mariage, imitez, autant que vous le permettent les devoirs de votre état, cette aimable pureté, qui, bien qu'à des degrés divers, est la gloire et le partage de tous les vrais chrétiens, dans les différents états de la société.

Deuxième point. — Sainte Reine, dans sa tendre enfance, entendit au fond de son cœur une voix qui lui disait : « Écoute, ma fille, oublie ton peuple et la maison de ton père, et le Roi éternel ambitionnera ton alliance. Ta beauté est tout intérieure, elle est au fond de ton cœur, c'est ce qu'il aime. »

A cette voix intime et céleste, Reine fut docile; elle répondit, dans le calme d'une volonté ferme et en tressaillant de joie : *Fiat :* Qu'il en soit ainsi.

A dater de ce jour, elle eut Dieu seul en vue, Jésus-Christ en pratique; elle immola tout son être au maître qu'elle avait choisi. Elle aimait CLÉMENT comme un père; mais elle aimait Dieu comme son Dieu, c'est-à-dire comme son premier Père, son Souverain, son Bienfaiteur suprême et son Créateur, comme l'infinie perfection. Ni la tendresse de CLÉMENT, ni sa colère, ni ses larmes, ne purent ébranler la résolution qu'elle avait formée de demeurer vierge.

Les promesses d'un proconsul romain qui lui of-

frait sa main et un empire la trouvèrent indifférente. Elle demeura insensible aux séductions de l'orgueil.

« Je suis la fiancée de Jésus-Christ, je suis l'épouse du Dieu que j'adore, ne me parlez plus d'alliance honorable, disait-elle à ses compagnes ; rien ne sera capable de me séparer de Celui à qui je me suis donnée. »

Reine fut fidèle jusqu'à la mort ; imitons-la.

Imitons-la, en consultant Dieu sur notre vocation, en faisant tout pour mériter de connaître sa volonté et de la suivre.

Imitons cette illustre vierge, en pratiquant la modestie, la vigilance et la prudence, qui sont les sauvegardes de l'innocence et de la vertu. Enfants, vieillards, jeunes gens, jeunes filles, époux et épouses, nous tous, prions sainte Reine vierge, de nous couvrir de l'ombre de sa vertu, et de nous préserver du vice affreux qui a attiré le déluge sur la terre, le feu sur Sodôme ; qui désole les familles ; qui, après avoir versé dans le monde des maux incalculables, peuple l'enfer de victimes.

RÉSOLUTION. — Je veillerai, je prierai, je recourrai aux sacrements, pour mettre à l'abri des dangers du monde et de l'enfer l'aimable et angélique vertu de chasteté ; je fuirai les occasions dangereuses. Saint

Reine vierge, priez pour moi, soutenez-moi dans les dangers et les tentations inséparables de cette triste vie ; je veux mourir plutôt que de pécher.

TROISIÈME MÉDITATION

—

SAINTE REINE MARTYRE.

Premier point. — « Si quelqu'un veut venir après moi, qu'il se renonce lui-même, qu'il porte sa croix tous les jours et qu'il me suive. — Le royaume de Dieu souffre violence, et il n'y a que ceux qui se font violence qui le ravissent. » Ces maximes de Jésus-Christ, avec sa grâce, ont fait les saints ; celles qui suivent ont fait les martyrs :

« Heureux ceux qui souffrent persécution pour la justice, parce que le royaume des cieux est à eux.

« Vous êtes bienheureux, lorsqu'on vous maudira, qu'on vous persécutera, qu'on inventera toute sorte de mal contre vous, à cause de moi ; réjouissez-vous, parce que votre récompense est grande dans les cieux. »

C'est ainsi que Jésus-Christ lui-même a été traité.

Malgré ces enseignements et ces exemples divins, nous nous opiniâtrons à ne vouloir rien souffrir. Une contradiction nous irrite, une humiliation nous révolte, la moindre gêne nous est insupportable; cependant le chemin de la croix est le chemin du ciel, c'est la voie royale suivie par le chef des prédestinés; de plus, bon gré mal gré, mondain ou chrétien, impie ou dévot, l'homme portera sa croix, du berceau à la tombe. Il n'y a pas à choisir entre porter la croix à travers les épines, ou marcher par un chemin de roses. Il faut ou subir la croix telle que le péché l'a faite, ou choisir la croix sanctifiée, transfigurée et bénie en Jésus-Christ; il faut porter ou la croix des impies et du mauvais larron, ou la croix du bon larron et celle de tous les saints. La première est une croix de désespoir, de honte et de douleur; la seconde, malgré ses clous, est pleine de consolation, de mérite et d'espérance.

Sainte Reine, éclairée par la foi, disciple docile de Jésus-Christ et épouse fidèle, a voulu partager la fortune de son maître et de son époux; elle a voulu sa croix, sa croix avec ses clous, ses ronces et ses épines; elle a choisi la meilleure part; faisons de même.

Deuxième point. — Sainte Reine, chrétienne et vierge, devait rendre témoignage à Jésus-Christ,

son Dieu et son époux, par une fidélité à toute épreuve.

Son père, d'après la tradition, fut son premier persécuteur. Furieux de voir qu'elle était attachée à Jésus-Christ par un double lien, que ses engagements formaient obstacle à son union avec Olibrius, gouverneur des Gaules, qui la sollicitait avec passion, il la fit enfermer. Il espérait par là vaincre sa constance. Violence inutile, la vierge demeura ferme dans sa résolution. Olibrius, de retour d'un long voyage, croyait être au terme de ses désirs; il fait donner des fêtes dont la fille de Clément était l'objet; Reine, pour obéir à son père, parut dans ces fêtes; mais elle conserva son cœur à Jésus-Christ. Promesses, menaces, flatteries, tout fut inutile; Olibrius, contristé et outré de ses refus, la fait comparaître devant son tribunal. Nouvelles menaces de la part du tyran, même constance de la part de le jeune vierge. Condamnée une seconde fois à la prison, Reine y alla, heureuse et fière d'avoir été trouvée digne de souffrir pour le nom de Jésus-Christ. Les chaînes dont on la chargea furent pour elle plus précieuses que l'or.

Dès sa tendre enfance, elle faisait ses délices de la lecture des Actes des martyrs; la victoire des vierges qui avaient versé leur sang pour Jésus-Christ

ravissait surtout son cœur et excitait son envie :
quelle fut sa joie de se voir à la veille de jouir du
même bonheur !

Sortie de prison, interrogée, sollicitée de nouveau,
Reine est plus inébranlable que jamais. Jésus-Christ
est mon Dieu et mon époux, mon parti est pris, faites
de moi ce que vous voudrez.

Olibrius la fait étendre sur le chevalet, le sang de
la martyre ruissèle sous les coups de fouets armés de
pointes de fer. La ville d'Alise, accourue à ce spectacle, exprime de la compassion, le supplice cesse.
La Sainte est reconduite en prison. Dieu visite et
fortifie sa servante. On raconte qu'une grande croix,
qui allait de la terre au ciel, lui apparut ; une colombe
était en haut, et une voix céleste disait : « Courage,
épouse de Jésus-Christ, une couronne vous attend,
cette croix sera l'échelle au moyen de laquelle vous
arriverez au ciel. » A cette voix, Reine fortifiée s'ap-
prête à un nouveau combat ; le tyran, honteux de sa
défaite, ne tarde pas à le lui livrer. Il l'appelle dere-
chef à son tribunal ; mais désespérant de vaincre,
il n'eut plus qu'à se venger. Il fait brûler sa victime
avec des torches ardentes : puis, pour ajouter à ses
douleurs, il la fait plonger dans une cuve d'eau
froide. Reine surabonde de joie, le ciel déjà couronne
son élue ; des miracles s'opèrent, les païens se con-

vertissent, le Romain est vaincu; Olibrius lui fait trancher la tête, l'âme de la martyre est au ciel, l'héroïne est ensevelie dans son triomphe, la croix est victorieuse. Nous lisons souvent la vie des saints, nous la méditons quelquefois ; quand donc serons-nous les imitateurs de leur courage et de leurs vertus ?

RÉSOLUTION. — Pour imiter, autant qu'il est en moi, sainte Reine martyre, je prends la résolution d'accepter et de supporter avec résignation les peines de la vie et les incommodités attachées à ma condition.

Sainte Reine martyre, aidez-moi à être fidèle jusqu'à la mort; obtenez-moi de vaincre mes mauvais penchants, la chair, le monde et le démon; obtenez-moi de triompher éternellement avec vous dans les cieux. Ainsi soit-il.

PRIÈRE A SAINTE REINE CONSIDÉRÉE DANS SON ENFANCE.

(A l'usage des enfants.)

Bienheureuse sainte Reine, dès votre enfance vous avez été sage, modeste et obéissante; obtenez-moi la grâce d'imiter vos vertus sur la terre et de partager votre bonheur dans les cieux. Ainsi soit-il.

PRIÈRE A SAINTE REINE BERGÈRE, CONSIDÉRÉE COMME MÉDITANT LES VÉRITÉS DU SALUT A LA SUITE DE SON PETIT TROUPEAU.

(A dire aux trois croix.)

C'est ici, bienheureuse sainte Reine, dans cette vallée de larmes, que, selon la tradition, vous faisiez vos délices de méditer les vérités de l'Évangile; c'est ici, d'après la même tradition, que vous fûtes arrêtée par un ennemi du nom chrétien et que vous rendîtes à Jésus crucifié le glorieux témoignage qui vous ouvrit la carrière du martyre.

Puissions-nous, à votre exemple, mettre notre bonheur à entendre, à méditer et à pratiquer les vérités de notre sainte religion! puissions-nous, comme vous,

traverser les dangers de cette triste vie avec la simplicité de la colombe, la prudence du serpent et la
force du lion, et arriver au jour de l'immortelle récompense !

C'est la grâce que nous demandons à Dieu au pied
de cette croix, au nom de Notre-Seigneur Jésus-
Christ, par l'intercession de Marie, mère de douleurs,
reine des martyrs et des vierges, par votre intercession, illustre protectrice, et celle de tous les saints
dont les reliques chaque année ornent votre triomphe
au jour de votre fête. Ainsi soit-il.

PRIÈRE A SAINTE REINE MARTYRE.

(A réciter à la fontaine ou à la chapelle voisine.)

C'est donc ici que, après une sainte vie et un glorieux martyre, illustre vierge d'Alise, votre corps virginal fut confié à la terre, comme une semence qui a
produit d'âge en âge des milliers de chrétiens. Cette
source est une faible image des grâces que vous nous
avez méritées par vos souffrances.

O Dieu bon, qui avez attaché à l'eau du baptême
l'innocence et le salut, souvenez-vous de sainte
Reine, et faites que, à sa prière, cette eau dont je

vais user me soit salutaire dans mes besoins spirituels et corporels.

Bienheureuse Reine, voyez ma misère profonde,
obtenez-moi la faveur tant désirée que j'implore à
vos pieds.

Obtenez-moi la résignation qui sanctifie les peines,
la patience qui les adoucit, et le pardon de mes péchés, qui sont la seule cause de mes misères.

Faites que, comme vous, je connaisse le prix de
la croix, que je la porte avec vous à la suite de Jésus-Christ ; et que, après l'avoir saintement portée à
votre exemple, et aidé du secours de votre intercos-
sion, je meure entre ses bras, dans la parfaite soumission à la volonté de Dieu et dans son saint amour.
Ainsi soit-il.

PRIÈRE A SAINTE REINE TRIOMPHANTE.

(A réciter à la chapelle de l'hospice.)

Souvenez-vous, ô bienheureuse Reine, que c'est
en ce pays que vous avez reçu le jour, le bienfait du
baptême et la gloire du martyre.

Souvenez-vous de la montagne que vos pieds ont
bénie et que votre mort a illustrée à jamais ; souve-

nez-vous des habitants d'Alise, qui vous réclament comme leur sœur et vous invoquent comme leur patronne.

Conservez, réveillez, dans ces contrées de la Bourgogne et dans la France entière, cette foi qui a fait le bonheur de nos pères ; faites fleurir, au milieu de leurs enfants, les vertus chrétiennes, dont les fruits sont si doux et les récompenses si belles.

De ce sanctuaire vénérable, où l'art et la piété antiques ont retracé vos combats et vos triomphes, veillez sur nous, et le jour et la nuit.

Protégez les infirmes qui habitent cet asile, et les pèlerins qui viennent y réclamer, en votre nom, lumière, soulagement et consolation.

Faites que, cherchant avant tout le règne de Dieu et sa justice, ils reçoivent le reste par surcroît ; faites surtout qu'aucun d'eux ne sorte de cette enceinte, sans emporter la paix de l'âme, fruit d'une bonne confession et d'une sainte absolution.

Glorieuse vierge martyre, du haut du ciel où vous régnez, bénissez-nous tous : obtenez que, placés ici-bas à l'ombre de vos ailes, les habitants de ce pays, devenus tous chrétiens fidèles, après s'être aimés sur la terre comme des frères, se retrouvent au ciel avec vous dans la famille des saints et des bienheureux. Ainsi soit-il.

PRIÈRE A SAINT VINCENT DE PAUL.

SECOND PATRON DE LA CHAPELLE DE L'HOSPICE.

Grand saint Vincent de Paul, qui avez secondé les pieux desseins de deux époux chrétiens dans la fondation de cet asile, soyez à jamais béni et glorifié.

Que les âmes des fondateurs de cet hospice, placées avec la vôtre au saint paradis, reçoivent à jamais les fruits de leur piété pour la vierge d'Alise et de leur charité pour les malheureux.

Que les vertueuses sœurs de la charité, vos filles en Jésus-Christ, nobles servantes du Seigneur et des pauvres, après avoir été les fidèles imitatrices de vos vertus ici-bas, partagent avec vous et avec les gens pauvres, vos amis et les leurs, les éternelles récompenses au séjour de la gloire. Ainsi soit-il.

LITANIES DE SAINTE REINE.

Kyrie, eleison.

Christe, eleison.

Kyrie, eleison.

Christe, audi nos.

Christe, exaudi nos.

Seigneur, ayez pitié de nous.

Christ, ayez pitié de nous.

Seigneur, ayez pitié de nous.

Christ, écoutez-nous.

Christ, exaucez-nous.

7

Père céleste, qui êtes Dieu, ayez pitié de nous.	Pater de cœlis Deus, miserere nobis.
Fils Rédempteur de monde, qui êtes Dieu, ayez pitie de nous.	Fili Redemptor mundi Deus, miserere nobis.
Esprit saint, qui êtes Dieu, ayez pitié de nous.	Spiritus sancte Deus, miserere nobis.
Sainte Trinité, qui êtes un seul Dieu, ayez pitié de nous.	Sancta Trinitas, unus Deus, miserere nobis,
Sainte Marie, Mère de Dieu, priez pour nous.	Sancta Maria, Mater Dei, ora pro nobis.
Sainte Reine, priez pour nous.	Sancta Regina, ora pro nobis.
Reine, vierge noble par votre origine, plus noble par votre foi,	Regina, virgo nobilis genere, nobilior fide,
Reine, vierge qui avez méprisé le monde,	Regina, virgo mundi contemptrix,
Reine, épouse toute belle de Jésus-Christ,	Regina, sponsa Christi formosissima,
Reine, lumière de la Bourgogne,	Regina, lumen Burgundiæ,
Reine, patronne d'Alise votre patrie,	Regina, Alexiæ civis et patrona,
Reine, admirable par vos prodiges,	Regina, prodigiis admiranda,
Reine, santé des malades,	Regina, salus ægrotantium,
Reine, guérison des blessés,	Regina, curatrix vulnerum,
Reine, chargée de chaînes,	Regina, catenis constricta,
Reine, prisonnière,	Regina, in carcerem detrusa,
Reine, battue de verges,	Regina, flagellis cæsa,
Reine, par Dieu fortifiée,	Regina, a Deo confortata,
Reine, brûlée par les flammes,	Regina, flammis exusta,
Reine, plongée dans une eau glacée et fétide,	Regina, aquis frigidis et fetidis immersa,

Priez pour nous. — Ora pro nobis.

Regina, in tormentis coronata, ora pro nobis.

Regina, gladio percussa, ora pro nobis.

Regina, ab angelis in cœlum delata, ora pro nobis.

Agnus Dei, qui tollis peccata mundi, parce nobis, Domine.

Agnus Dei, qui tollis peccata mundi, exaudi nos, Domine.

Agnus Dei, qui tollis peccata mundi, miserere nobis.

Christe, audi nos.
Christe, exaudi nos.

℣. Ora pro nobis, beata virgo et martyr Regina;

℟. Ut digni efficiamur promissionibus Christi.

Reine, couronnée dans les tourments, priez pour nous.

Reine, frappée du glaive, priez pour nous.

Reine, portée au ciel par les anges, priez pour nous.

Agneau de Dieu, qui effacez les péchés du monde, pardonnez-nous, Seigneur.

Agneau de Dieu, qui effacez les péchés du monde, exaucez-nous, Seigneur.

Agneau de Dieu, qui effacez les péchés du monde, ayez pitié de nous.

Christ, écoutez-nous.
Christ, exaucez-nous.

℣. Priez pour nous, bienheureuse Reine, Vierge et martyre;

℟. Afin que nous devenions dignes des promesses de Jésus-Christ.

OREMUS.

Omnipotens sempiterne Deus, qui nos beatæ Reginæ virginis et Martyris, confessione inclyta circumdas et protegis, præsta nobis ejus imitatione proficere et oratione muniri, ut ipsius semper adjuvemur meritis, cujus instruimur exemplis. Per Christum Dominum nostrum. Amen.

PRIONS.

Dieu tout-puissant et éternel, qui nous gardez et protégez par le témoignage glorieux que vous rendit la bienheureuse Reine, vierge et martyre, faites qu'à son exemple, aidés du secours de sa prière, soutenus pas ses mérites, nous avancions dans la pratique des vertus chrétiennes. Par J.-C. N.-S, Ainsi soit-il.

CANTIQUE POUR LA FÊTE DE SAINTE REINE.

—

Air : *Des simples jeux de son enfance.*

Ce jour est un jour d'allégresse.
Chantons les hymnes du bonheur :
Accourez, fidèle jeunesse,
Venez rendre hommage au Seigneur.
C'est lui qui fait régner les anges
Et tous les saints qui sont aux cieux ;
C'est à lui que vont les louanges
De la patronne de ces lieux.

Aux temps anciens, dans notre France,
Seigneur, vous étiez sans autels,
Et les parfums de l'innocence
Etaient inconnus des mortels.
Partout se dressait une idole,
L'encens brûlait pour de faux dieux ;
Mais, jeune enfant de votre école
Au vrai Dieu Reine offrait ses vœux.

Encor dans sa première enfance,
Un jour elle dit au Seigneur :
« Vous connaissez mon innocence,
» Gardez en moi la sainte ardeur

» Soyez, ô Dieu, mon héritage,
» Nourrissez-moi de votre amour :
» Je ne veux que vous en partage,
» Que vous jusqu'à mon dernier jour. »

Souvent le lis qui vient d'éclore,
Dans la fraîcheur d'un beau printemps,
Au soir de sa première aurore
Tombe sous la main des méchants :
Ainsi l'enfer, jaloux de Reine,
Voulait l'attirer dans ses lacs ;
Ma's cette âme pure et serein
De son Dieu ne s'éloignait pas.

La séduction et la menace
Ne peuvent ébranler son cœur,
Ce cœur saint, qu'anime la grâce,
Ne sent qu'agrandir son ardeur ;
L'enfer la dépouille et l'attache,
Les tyrans arment leur courroux,
Et la jeune vierge, sans tache,
Tombe, mourante sous leurs coups.

De ses tyrans victorieuse,
Reine dormait dans les cachots,
Lorsqu'une croix mystérieuse
Parut pour adoucir ses maux,
Une colombe aux blanches ailes
Du ciel descendit à ses yeux,

Montrant les palmes immortelles
Que les martyrs ont dans les cieux.

Au jour suivant, la vierge encore
Souffrit des tourments inouïs ;
Mais ce fut sa plus belle aurore
Et ses yeux furent éblouis,
Car ce jour-là les cieux s'ouvrirent,
Et, messagers de l'Eternel,
Les saints Anges en descendirent
Pour emporter son âme au ciel.

Ah ! qui nous prêtera des ailes
Afin de voler aussi, nous,
Vers les collines éternelles,
Nous reposer, Seigneur, en vous !
Depuis longtemps notre âme est lasse,
Et ne repose en aucun lieu,
Elle n'a plus ici sa place,
Et voudrait aller à Dieu.

O vous, qui régnez près des anges,
Au milieu des vierges des cieux,
Mêlez nos noms à vos louanges,
Douce patronne de ces lieux !
Afin qu'au soir de notre vie,
Nous allions régner avec vous,
Ah ! dans la céleste patrie,
Priez pour nous, priez pour nous[1] !

[1] Nous avons emprunté à sainte Reine de Bretagne ce
pieux cantique. Nous le devons à l'obligeance de son véné-

DÉVOTE ORAISON A SAINCTE REYNE.

A toy Reyne vierge très digne.
Amie de Dieu le Créateur
Humble pelerin pauvre indigne,
De tous autres grand pécheur,
Affin que je puisse estre pur
Et lavé de chose mondaine,
Suis venu a ceste fontaine.

Vray est selon ceste escripture,
Nourrie fus en ce finaige;
Et, dès quinze ans, tu mis ta cure
A Dieu servir de bon couraige.
Tu renonceas avoir lignaige,
Pour ensuyre la joie haultaine
Dont est sortie ceste fontaine.

Tu souffrie dedans la cité
D'Alyse plusieurs grands martyres.
Ton martyre, a Dieu visité,
Sans vouloir avoir autres myres,
Les payens nuls ne furent pyres,
Descendant de ceste montaigne,
Teont traynée a ceste fontaine.

rable curé, M. Verger. Ce sera entre elle et la *grande
sainte Reine* le lien d'une douce confraternité.

Tous les amis de notre sainte martyre le répéteront avec
nous. Puissions-nous les entendre tous!

Où ceste fontaine est sordue,
Vierge tu y fus décolée.
A Jesus yey tes randue,
Qui ta prière a exaulcée,
Et après que tu fus trepassée,
Par miracle, chose est certaine,
Ton sang randit ceste fontaine.

Fontaine d'eau miraculeuse,
Lave-moi dedans et dehors,
Et par toy, vierge bien heureuse,
Maintiens la santé de mon corps;
Et quand du monde seray hors,
Conduis mon ame a la montaigne
Ou est la doye de ta fontaine.

Prince, par vierge saincte Reyne,
Avec elle fais que je regne;
Appoise en moi la soif mondaine,
Par vertu de ceste fontaine.
        Amen [1].

[1] Cette pièce intéressante et curieuse est tirée du cabinet de M. Philibert Beaume, à Vitteaux (Côte-d'Or), qui l'a copiée sur un manuscrit du quinzième siècle.

PRIÈRES DURANT LA MESSE.

AVANT LA MESSE.

Je me présente, ô mon adorable Sauveur, devant les saints autels, pour assister à votre divin sacrifice. Daignez, ô mon Dieu, m'en appliquer tout le fruit que vous souhaitez que j'en retire, et suppléer aux dispositions qui me manquent.

Ouvrez mon cœur aux doux effets de votre bonté; fixez mes sens, réglez mon esprit, purifiez mon âme, effacez par votre sang tout les péchés dont vous voyez que je suis coupable. Oubliez-les tous, ô Dieu de miséricorde; je les déteste pour l'amour de vous, et vous en demande très humblement pardon, pardonnant moi-même de bon cœur à tous ceux qui auraient pu m'offenser. Faites, ô mon doux Jésus, qu'unissant mes intentions aux vôtres, je me sacrifie tout à vous, comme vous vous sacrifiez entièrement pour moi. Ainsi soit-il.

COMMENCEMENT DE LA MESSE.

C'est en votre nom, adorable Trinité, c'est pour rendre l'honneur et les hommages qui vous sont dus, que j'assiste au très saint et très auguste sacrifice.

Permettez-moi, divin Sauveur, de m'unir d'intention au ministre de vos autels, pour offrir la précieuse victime de mon salut, et donnez-moi les sentiments que j'aurais dû avoir sur le Calvaire, si j'avais assisté au Sacrifice sanglant de votre Passion.

CONFITEOR.

Je m'accuse devant vous, ô mon Dieu, de tous les les péchés dont je suis coupable. Je m'en accuse en présence de Marie, la plus pure de toutes les vierges, en présence de tous les saints, et de tous les fidèles; parce que j'ai péché en pensées, en paroles, en actions, en omissions : par ma faute, oui, par ma faute, et ma très grande faute. C'est pourquoi je conjure la très sainte Vierge et tous les Saints de daigner intercéder pour moi.

Seigneur, écoutez favorablement ma prière, et accordez-moi l'indulgence, l'absolution et la rémission de tous mes péchés.

KYRIE, ELEISON.

On répète trois fois alternativement :

Kyrie, eleison,
Christe, eleison.
Kyrie, eleison.

L'HYMNE DES ANGES.

Gloria in excelsis Deo : et in terra pax hominibus bonæ voluntatis. Laudamus te. Benedicimus te. Adoramus te. Glorificamus te. Gratias agimus tibi propter magnam gloriam tuam. Domine Deus, Rex cœlestis, Deus Pater omnipotens. Domine Fili unigenite, Jesu Christe ; Domine Deus, Agnus Dei, Filius Patris. Qui tollis peccata mundi, miserere nobis. Qui tollis peccata mundi, suscipe deprecationem nostram. Qui sedes ad dexteram Patris, miserere nobis. Quoniam tu solus Sanctus; Tu solus Dominus; Tu solus Altissimus, Jesu Christe, cum sancto Spiritu, in gloria Dei Patris. Amen.

ORAISON.

Accordez-nous, Seigneur, par l'intercession de la Sainte Vierge et des Saints que nous honorons, toutes les grâces que votre ministre vous demande pour lui et pour nous. M'unissant à lui, je vous fais la même prière pour ceux et celles en faveur de qui je suis obligé de prier; et je vous demande, Seigneur, pour eux et pour moi, tous les secours que vous savez nous être nécessaires, afin d'obtenir la vie éternelle; au nom de notre Seigneur Jésus-Christ. Ainsi soit-il.

A L'ÉPITRE.

Mon Dieu, vous m'avez appelé à la connaissance de votre sainte loi, préférablement à tant de peuples qui vivent dans l'ignorance de vos Mystères. Je l'accepte de tout mon cœur, cette loi divine, et j'écoute avec respect les saints oracles que vous avez prononcés par la bouche de vos Prophètes. Je les révère avec toute la soumission qui est due à la parole d'un Dieu, et j'en vois l'accomplissement avec toute la joie de mon âme.

Que n'ai-je pour vous, ô mon Dieu, un cœur semblable à celui des saints de votre Ancien-Testament! Que ne puis-je vous désirer avec l'ardeur des Patriarches, vous connaître et vous révérer comme les Prophètes, vous aimer et m'attacher uniquement à vous comme les Apôtres!

A L'ÉVANGILE.

Ce ne sont plus, ô mon Dieu, les Prophètes ni les Apôtres qui vont m'instruire de mes devoirs; c'est votre Fils unique, c'est sa parole que je vais entendre. Mais, hélas! que me servira d'avoir cru que c'es votre parole, Seigneur Jésus, si je n'agis pas conformément à ma croyance? Que me servira, lorsque je

paraîtrai devant vous, d'avoir eu la foi, sans le mérite de la charité et des bonnes œuvres?

Je crois, et je vis comme si je ne croyais pas, ou comme si je croyais un Évangile contraire au vôtre. Ne me jugez pas, ô mon Dieu, sur cette opposition perpétuelle que je mets entre vos maximes et ma conduite. Je crois; mais inspirez-moi le courage et la force de pratiquer ce que je crois. A vous, Seigneur, en reviendra toute la gloire.

LE SYMBOLE DE NICÉE.

Credo in unum Deum, Patrem omnipotentem, factorem cœli et terræ, visibilium omnium et invisibilium; et in unum Dominum Jesum Christum, Filium Dei unigenitum, et ex Patre natum ante omnia secula : Deum de Deo, lumen de lumine; Deum verum de Deo vero ; genitum, non factum, consubstantialem Patri ; per quem omnia facta sunt ; qui propter nos homines et propter nostram salutem, descendit de cœlis; et incarnatus est de Spiritu sancto, ex Maria Virgine; ET HOMO FACTUS EST. Crucifixus etiam pro nobis, sub Pontio Pilato, passus et sepultus est. Et resurrexit, tertia die, secundum Scripturas; et ascendit in cœlum, sedet ad dexteram Patris. Et iterum venturus est cum gloria judicare vivos et mortuos; cujus regni non erit finis. Et in Spiritum sanctum Dominum et vivificantem;

qui ex Patre Filioque procedit; qui cum Patre et Filio simul adoratur, et conglorificatur; qui locutus est per Prophetas. Et unam sanctam catholicam et apostolicam Ecclesiam. Confiteor unum baptisma in remissionem peccatorum : et expecto resurrectionem mortuorum, et vitam venturi seculi. Amen.

OFFERTOIRE.

Père infiniment saint, Dieu tout-puissant et éternel, quelque indigne que je sois de paraître devant vous, j'ose vous présenter cette hostie par les mains du prêtre, avec l'intention qu'a eue Jésus-Christ mon Sauveur, lorsqu'il institua ce sacrifice, et qu'il a encore au moment où il s'immole ici pour nous.

Je vous l'offre, pour reconnaître votre souverain domaine sur moi et sur toutes les créatures. Je vous l'offre pour l'expiation de mes péchés, et en actions de grâces de tous les bienfaits dont vous m'avez comblé.

Je vous l'offre enfin, mon Dieu, cet auguste sacrifice, afin d'obtenir de votre infinie bonté pour moi, pour mes parents, pour mes bienfaiteurs, mes amis et mes ennemis, ces grâces précieuses du salut, qui ne peuvent être accordées à un pécheur qu'en vue des mérites de Celui qui est le juste par excellence, et qui s'est fait victime de propitiation pour tous.

Mais, en vous offrant cette adorable victime, je vous recommande, ô mon Dieu, toute l'Église Catholique, notre saint père le Pape, nos Évêques, tous les pasteurs des âmes, tous ceux auxquels votre providence nous a soumis, et tous les peuples qui croient en vous.

Souvenez-vous aussi, Seigneur, des fidèles trépassés ; et, en considération des mérites de votre Fils, donnez-leur un lieu de rafraîchissement, de lumière et de paix.

N'oubliez pas, mon Dieu, vos ennemis et les miens ; ayez pitié des infidèles, des hérétiques, et de tous les pécheurs. Comblez de bénédictions ceux qui me persécutent, et me pardonnez mes péchés, comme je leur pardonne tout le mal qu'ils me font, ou qu'ils voudraient me faire. Ainsi soit-il.

A LA PRÉFACE.

Voici l'heureux moment où le Roi des anges et des hommes va paraître. Seigneur, remplissez-moi de votre esprit ; que mon cœur, dégagé de la terre, ne pense qu'à vous. Quelle obligation n'ai-je pas de vous bénir et de vous louer en tout temps et en tout lieu, Dieu du ciel et de la terre, Maître infiniment grand, Père tout-puissant et éternel ?

Rien n'est plus juste, rien n'est plus avantageux, que

de nous unir à Jésus-Christ, pour vous adorer conti-
nuellement. C'est par lui que tous les esprits bienheureux rendent leurs hommages à votre majesté; c'est
par lui que toutes les Vertus des cieux s'unissent pour
vous glorifier.

Souffrez, Seigneur, que nous joignions nos faibles
louanges à celles de ces saintes Intelligences, et que,
de concert avec elles, nous disions dans un transport
de joie et d'admiration :

SANCTUS.

Sanctus, Sanctus, Sanctus Dominus Deus sabaoth.
Pleni sunt cœli et et terra gloria tua : Hosanna in
excelsis. Benedictus qui venit in nomine Domini :
Hosanna in excelsis.

LE CANON.

Nous vous conjurons, au nom de Jésus-Christ, votre
Fils et notre Seigneur, ô Père infiniment miséricordieux, d'avoir pour agréable, et de bénir l'offrande que
nous vous présentons, afin qu'il vous plaise de con-
server, de défendre et de gouverner votre sainte
Église Catholique, avec tous les membres qui la composent, notre saint père le Pape, nos Évêques, les
princes qui la gouvernent, et généralement tous ceux
qui font profession de votre sainte Foi.

Nous vous recommandons en particulier, Seigneur,

ceux pour qui la justice, la reconnaissance et la charité nous obligent de prier, tous ceux qui sont présents à cet adorable sacrifice, et particulièrement N. et N. Et afin, grand Dieu, que nos hommages vous soient plus agréables, nous nous unissons à la glorieuse Marie, toujours Vierge, Mère de notre Dieu et Seigneur Jésus-Christ, à tous vos Apôtres, à tous les bienheureux martyrs et à tous les Saints, qui composent avec nous une même Église.

Que n'ai-je en ce moment, ô mon Dieu, les désirs enflammés avec lesquels les saints Patriarches souhaitaient la venue du Messie! Que n'ai-je leur foi et leur amour! Venez, Seigneur Jésus, venez, aimable réparateur du monde, venez accomplir un Mystère qui est l'abrégé de toutes vos merveilles. Il vient cet Agneau de Dieu; voici l'adorable Victime par qui tous les péchés du monde sont effacés.

ÉLÉVATION.

Verbe incarné, divin Jésus, vrai Dieu et vrai homme, je crois que vous êtes ici présent, je vous y adore avec humilité; je vous aime de tout mon cœur, et, comme vous y venez pour l'amour de moi, je me consacre entièrement à vous.

J'adore ce sang précieux que vous avez répandu pour tous les hommes, et j'espère, ô mon Dieu, que

9

vous ne l'aurez pas versé inutilement pour moi. Faites-moi la grâce de m'en appliquer les mérites. Je vous offre le mien, aimable Jésus, en reconnaissance de cette charité infinie que vous avez eue de donner le vôtre pour l'amour de moi.

SUITE DU CANON.

Quelles seraient donc désormais ma malice et mon ingratitude, si, après avoir vu ce que je vois, je consentais à vous offenser? Non, mon Dieu, je n'oublierai jamais ce que vous me représentez par cette auguste cérémonie : les souffrances de votre Passion, la gloire de votre Résurrection, votre corps tout déchiré, votre sang répandu pour nous, réellement présent à mes yeux sur cet autel.

C'est maintenant, éternelle Majesté, que nous vous offrons, véritablement et proprement, la Victime pure, sainte et sans tache, qu'il vous a plu de nous donner vous-même, et dont toutes les autres n'étaient que la figure. Oui, grand Dieu, nous osons vous le dire : il y a ici plus que tous les sacrifices d'Abel, d'Abraham et de Melchisédech; la seule victime digne de votre autel, notre Seigneur Jésus-Christ, votre Fils, l'unique objet de vos éternelles complaisances.

Que tous ceux qui participent ici, de la bouche ou

du cœur, à cette Victime sacrée soient remplis de sa bénédiction.

Que cette bénédiction se répande, ô mon Dieu, sur les âmes des fidèles qui sont morts dans la paix de l'Église, et particulièrement sur les âmes de N. et de N. Accordez-leur, Seigneur, en vertu de ces sacrifices, la délivrance entière de leurs peines.

Daignez nous accorder aussi un jour cette grâce à nous-mêmes, Père infiniment bon! et faites-nous entrer en société avec les saints Apôtres, les saints Martyrs et tous les Saints, afin que nous puissions vous aimer et vous glorifier éternellement avec eux. Ainsi soit-il.

PATER NOSTER.

Que je suis heureux, ô mon Dieu, de vous avoir pour père! Que j'ai de joie de songer que le ciel où vous êtes doit être un jour ma demeure! Que votre saint nom soit glorifié par toute la terre. Régnez absolument sur tous les cœurs et sur toutes les volontés. Ne refusez pas à vos enfants la nourriture corporelle et spirituelle. Nous pardonnons de bon cœur : pardonnez-nous. Soutenez-nous dans les tentations et dans les maux de cette misérable vie, mais préservez-nous du péché, le plus grand de tous les maux. Ainsi soit-il.

AGNUS DEI.

Agnus Dei, qui tollis peccata mundi, miserere nobis.

Agnus Dei, qui tollis peccata mundi, miserere nobis.

Agnus Dei, qui tollis peccata mundi, dona nobis pacem.

COMMUNION.

Qu'il me serait doux, ô mon aimable Sauveur, d'être du nombre de ces heureux chrétiens à qui la pureté de conscience et une tendre piété permettent d'approcher tous les jours de votre sainte Table!

Quel avantage pour moi, si je pouvais en ce moment vous posséder dans mon cœur, vous y rendre mes hommages, vous y exposer mes besoins, et participer aux grâces que vous faites à ceux qui vous reçoivent réellement! Mais, puisque j'en suis très indigne, suppléez, ô mon Dieu, à l'indisposition de mon âme. Pardonnez-moi tous mes péchés, je les déteste de tout mon cœur, parce qu'ils vous déplaisent. Recevez le désir sincère que j'ai de m'unir à vous. Purifiez-moi d'un seul de vos regards, et mettez-moi en état de vous bien recevoir au plus tôt.

En attendant cet heureux jour, je vous conjure, Seigneur, de me faire participant des fruits que la

communion du prêtre doit produire en tout le peuple fidèle qui est présent à ce sacrifice. Augmentez ma foi par la vertu de ce divin sacrement ; fortifiez mon espérance ; épurez en moi la charité ; remplissez mon cœur de votre amour, afin qu'il ne respire plus que vous, et qu'il ne vive plus que pour vous. Ainsi soit-il.

DERNIÈRES ORAISONS.

Vous venez, ô mon Dieu, de vous immoler pour mon salut, je veux me sacrifier pour votre gloire. Je suis votre victime, ne m'épargnez point. J'accepte de bon cœur toutes les croix qu'il vous plaira de m'envoyer ; je les bénis, je les reçois de votre main, et je les unis à la vôtre.

Je sors purifié de vos saints Mystères, je fuirai avec horreur les moindres taches du péché, surtout de celui où mon penchant m'entraîne avec plus de violence. Je serai fidèle à votre loi, et je suis résolu de tout perdre et de tout souffrir, plutôt que de la violer.

BÉNÉDICTION.

Bénissez, ô mon Dieu, ces saintes résolutions ; bénissez-nous tous par la main de votre ministre : et que les effets de votre bénédiction demeurent éter-

nellement sur nous. Au nom du Père, et du Fils, et du Saint-Esprit. Ainsi soit-il.

DERNIER ÉVANGILE.

Verbe divin, Fils unique du Père, lumière du monde venue du ciel pour nous en montrer le chemin, ne permettez pas que je ressemble à ce peuple infidèle qui a refusé de vous reconnaître pour le Messie. Ne souffrez pas que je tombe dans le même aveuglement que ces malheureux, qui ont mieux aimé devenir esclaves de Satan, que d'avoir part à la glorieuse adoption d'enfants de Dieu, que vous veniez leur procurer.

Verbe fait chair, je vous adore avec le respect le plus profond; je mets toute ma confiance en vous seul, espérant fermement que, puisque vous êtes mon Dieu, et un Dieu qui s'est fait homme afin de sauver les hommes, vous m'accorderez les grâces nécessaires pour me sanctifier, et vous posséder éternellement dans le ciel. Ainsi soit-il.

PRIÈRE APRÈS LA SAINTE MESSE.

Seigneur, je vous remercie de la grâce que vous m'avez faite en me permettant aujourd'hui d'assister au sacrifice de la sainte Messe, préférablement à tant d'autres qui n'ont pas eu le même bonheur; et je vous

demande pardon de toutes les fautes que j'ai commises par la dissipation et la langueur où je me suis laissé aller en votre présence. Que ce sacrifice, ô mon Dieu, me purifie pour le passé, et me fortifie pour l'avenir.

Je vais présentement avec confiance aux occupations où votre volonté m'appelle. Je me souviendrai toute cette journée de la grâce que vous venez de me faire, et je tâcherai de ne laisser échapper aucune parole, aucune action, de ne former aucun désir, ni aucune pensée, qui me fassent perdre le fruit de la messe que je viens d'entendre. C'est ce que je me propose, avec le secours de votre sainte grâce. Ainsi soit-il.

FIN.

TABLE DES MATIÈRES.

TABLE DES MATIÈRES.

—

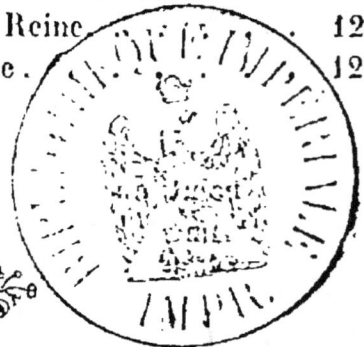

EXTRAIT

DU CATALOGUE DE LA SOCIÉTÉ DE SAINT-VICTOR.

PETITS LIVRES DE PROPAGANDE.

Volumes à 20 c.

Abrégé de la vie du B. Jean de Britto, par le R. P. Prat; 92 pages.

Babylas, ou l'Appétit vient en mangeant, par M. le comte A. de Ségur; in-16.

Le Chemin de la Perfection, aphorismes du P. Eusèbe de Nierem- berg.

Légende de sainte Geneviève, par M. l'abbé Beaussire, 2 gra- vures, 2ᵉ édition.

Légende de saint Roch, par le même, 2ᵉ édition.

Manuel des écoles primaires rurales; in-16, 20 vignettes.

Notre-Dame-des-Ermites, pèlerinage à Einsiedeln; in-16, 6 grav.

Règlement Sacerdotal, par M. l'abbé Mollevaut; in-16.

Vie de N. S. Jésus-Christ, par Tricalet.

La vie de saint Privat; 176 pages.

Volumes à 15 c.

Béatrix de Clèves, in-4º, 11 gravures.

Catéchisme sur l'Eglise, par M. l'abbé Groussel; in-18.

Dévotion à la Sainte-Famille, par M. l'abbé Charbonnel; in-32.

Le Fondateur du Christianisme, par Bossuet; in-16.

Histoire de Joseph, avec 3 gravures.
Légende du Blasphème, par le baron de Niliusc; in-4°, 9 grav.
Légende du Dimanche, par le même; in-4°, 8 gravures.
Petite Journée du Chrétien, in-32.
Physiologie du Cabaret; in-4°, 11 gravures.
Le Repos du Dimanche, par M. J. Matthieu; in-16.

Volumes à 10 c.

Alexis Boulleaux, vie d'un étudiant mort en 1850.
Une Antipathie, drame pour les jeunes filles.
Le Chemin de la Croix, stations gravées.
Les Commandements de Dieu et de l'Eglise, album de 15 grav.
La Conception Immaculée, par saint Alphonse de Liguori.
Les deux Cousins, drame pour les jeunes garçons.
Les Huit Béatitudes, album de 12 gravures.
Légende de la Croix, avec 8 gravures.
Légende de sainte Jule, vierge troyenne.
Légende de saint Espain.
Légende de sainte Germaine.
Légende de saint Gond, par M. l'abbé Darras.
Légende de saint Sébastien.
Légende de sainte Tanche.
Les Mères réconciliées, drame pour les jeunes filles.
Nécessité des Missions, par S. Alphonse de Liguori.
Nouveau Recueil de Cantiques pour les réunions de militaires,
    parM. le comte A. de Ségur; in-16 de 64 pages compactes.
    — Le volume de la musique de tous les Cantiques est ajouté
    gratuitement à toute demande de cinquante exemplaires.
Le Pater et l'Ave Maria, album de 12 gravures.
La petite Glaneuse, drame pour les jeunes filles.
Les Quatrains de Pierre Matthieu.
Swinton et Gordon, scènes imitées de Walter Scott.
Le Symbole des Apôtres, album de 12 gravures.
La Vie de sainte Enimie, par M. l'abbé Pascal.
Le Vie de saint Fiacre, par M. l'abbé Parenty.
La Vie de sainte Savine, par M. l'abbé Pinart.

Volumes avec couvertures dorées; les 50 volumes ne se vendent qu'ensemble : 4 fr. 25 c.

Alexis Grimou, ou l'Ecole des Artistes.
Les Amitiés bonnes et mauvaises, par saint François de Sales.

Les Aventures de Pigault-Lebrun.
Le docteur Bertin ou l'Homme peureux.
Le Grand Cadran de Malines.
Chansons d'un homme rentré dans le tou.
Le Château de Gaesbeck.
Le Cimetière Saint-Médard.
Le Clerc du prévôt de Paris.
Le Colonel Touquet, ou l'Esprit de spéculation.
Comment Chassebœuf fit son chemin.
Comment Lalande mangeait des araignées.
La Fréquente Communion, par saint François de Sales.
La Douceur et la Patience, par le même.
Le Droit d'Asile, scènes du moyen-âge.
Dulaure ou l'Antiquaire.
Le Garçon de Noces ou l'Ecole des Farceurs.
Le Géant de Liége.
Histoire de Julien-l'Apostat.
Histoire du pape Grégoire VII.
Histoire de Ponce-Pilate.
Histoire de Jeanne d'Arc.
Historique de l'Eglise française et de son primat.
Historique des Saints Simoniens.
Jeanne Maillote, l'héroïne lilloise.
Jésus Enfant, par Fénélon.
Légende de sainte Aléna.
Légende de sainte Barbe.
Légende de sainte Catherine.
Légende de saint Nicolas.
Le Lit de justice de Guillaume-le-Bon.
Le Livre de la Communion, par Fénélon.
Le Marquis de Condorcet.
Maximes éternelles de saint Alphonse de Liguori.
Le Perroquet du marchand de cuirs.
Rade de Nieuport ou les Paris curieux.
Vie de saint Alphonse de Liguori.
Vie de sainte Angèle de Mérici.
Vie de saint Désiré.
Vie de saint François de Sales.
Vie de sainte Godelive.
Vie de saint Joseph.
Vie du bienheureux Nicolas de Flue.
Vie de saint Paul, le premier ermite.
Vie de saint Vincent de Paul.

Imagerie.

Images pieuses, avec prières, — 1 fr. le cent.

Prières indulgenciées, — avec encadrements et vignettes, — 50 c. le cent.

Souvenir de retraite, feuillet avec vignettes, — 50 c. le cent.

Images saintes en deux teintes, — à 75 c le cent.

Le Christ en croix, tableau de Van Dyck, gravé par Brown; in-4° pour être encadré, — 10 fr. le cent.

L'Adoration des Mages, d'après Rubens; in-4°, — 5 fr. les 25 exemplaires.

Images en chromo (or et couleurs), — à 6 fr. et à 12 fr. le cent.

www.ingramcontent.com/pod-product-compliance
Lightning Source LLC
Chambersburg PA
CBHW050011100426
42739CB00011B/2596